KNAUR

RAISA CACCIATORE
ERJA KORTENIEMI-POIKELA

Starke Kinder haben STARKE GEFÜHLE

SISU – DER FINNISCHE WEG FÜR EINE GELASSENE ERZIEHUNG

Aus dem Finnischen von
Anke Michler-Janhunen

Dieses Buch wurde gefördert von der
Association of Finnish Non-fiction Writers.

Vielen Dank an Verlagsleiterin Maria Säntti

Besuchen Sie uns im Internet:
www.knaur.de

Aus Verantwortung für die Umwelt hat sich die Verlagsgruppe Droemer Knaur zu einer nachhaltigen Buchproduktion verpflichtet. Der bewusste Umgang mit unseren Ressourcen, der Schutz unseres Klimas und der Natur gehören zu unseren obersten Unternehmenszielen. Gemeinsam mit unseren Partnern und Lieferanten setzen wir uns für eine klimaneutrale Buchproduktion ein, die den Erwerb von Klimazertifikaten zur Kompensation des CO_2-Ausstoßes einschließt. Weitere Informationen finden Sie unter: www.klimaneutralerverlag.de

Deutsche Erstausgabe November 2020
Knaur TB

Die Originalausgabe erschienen bei Minerva Publishers, 2019

Ein Imprint der Verlagsgruppe Droemer Knaur GmbH & Co. KG, München
Die deutsche Ausgabe erschienen gemäß Vereinbarung mit Raisa Cacciatore, Erja Korteniemi-Poikela und Elina Ahlbäck Literary Agency, Helsinki, Finnland

Redaktion: Ulrike Gallwitz
Covergestaltung: Kathrin Keienburg-Rees
Coverabbildung: shchus, Adobe Stock
Satz: Sandra Hacke
Druck und Bindung: CPI books GmbH, Leck
ISBN 978-3-426-79098-4

2 4 5 3 1

Inhalt

Auf zu Neuem

Wie können wir als Eltern positiv und wertschätzend sein, wenn unser Kind dauernd tobt und etwas will? Wie sollen wir einen Jugendlichen ermutigen, wenn er arrogant und trotzig ist? Dann erwacht die eigene Gereiztheit ebenso wie Erinnerungen daran, wie man selbst als Kind erzogen worden ist. Diese Erfahrung kann sehr emotional und verwirrend sein. Uns Eltern fehlen oft effektive Methoden, auf Zorn und Ärger des Kindes und des Heranwachsenden zu reagieren. Doch das vielleicht größte Defizit ist häufig die fehlende Fähigkeit zur Ermutigung.

Eltern geben ihr Bestes. Aber was ist richtig? Einige besänftigen alle Emotionen ihres Kindes. Andere ertragen lautstarke Gefühlsausbrüche und lassen Kinder ihren Streit unter sich ausmachen. Kommt das Kind ins Schulalter und in die Pubertät, wird es noch wichtiger, mit dem Zorn klarzukommen.

Gefühle müssen respektiert werden. Gefühle verkörpern Kraft und Energie, die wir zum Leben brauchen. Gefühle sind notwendig und logisch. Gefühle können auch erzeugt werden. Mit jedem Lächeln für ein Kind oder einen Heranwachsenden verbessert sich ihr Wohlbefinden. Eine konstruktive Einstellung zum Zorn hilft Kindern und Jugendlichen jetzt und in der Zukunft.

Starke Kinder haben starke Gefühle beschreibt die stufenweise Herausbildung emotionaler Fähigkeiten bei Kindern und Jugendlichen und liefert Modelle für eine wertschätzende und unvoreingenommene Aggressionserziehung. Das Buch zeigt neue Wege auf, Kinder zu unterstützen und zu stärken. Eltern haben den Schlüssel zu einem starken Selbstwertgefühl und einer hohen Lebenskompetenz ihrer Kinder in der Hand. Dieses Buch macht Sie mit den Entwicklungsstufen vertraut, die jedes Kind und jeder Jugendliche auf dem Weg zu einem starken Erwachsenen auf individuelle Weise durchläuft.

Veränderungen brauchen Zeit und Nachsicht. Aber Sie werden merken, dass jede Veränderung zu einer Verbesserung führt. Egal wie langsam es vorangeht und wie klein die Schritte auch sein mögen – dieses Buch wird Sie dabei unterstützen.

Mit Elan zu neuen Wegen, für Ihre wunderbare Familie!

Raisa Cacciatore
Erja Korteniemi-Poikela
Frühjahr 2019

Darum geht es

WAS TROTZ UND WILLE SIND

Alle Gefühle sind Teil des Lebens. Trotz, Wille und Ärger sind Gefühle, die notwendig sind und mit denen man zurechtkommen kann. Sie sind unsichtbar und dabei extrem wirkungsvoll. Alle kennen diese Gefühle. Einige nehmen sie leichter wahr, andere wiederum erkennen nicht, dass sie wütend sind, obwohl sie wütend handeln.

Trotz und der eigene Wille gehören zur Entwicklung. Bei Kindern und Jugendlichen sind sie besonders stark ausgeprägt, da diese noch nicht in der Lage sind, ihre Gefühle zu unterdrücken oder zu verheimlichen. Andererseits ist es notwendig, Ausdruck und Kontrolle dieser Gefühle zu erlernen. Schwer zu steuernde Gefühle befördern die Entwicklung hin zu Mut, Selbstakzeptanz, Lebenskompetenz, Flexibilität und Eigenständigkeit.

Kinder und junge Menschen erlernen die Kontrolle ihrer Gefühle – und Wut ist eines davon. Gefühle sind nicht schlecht. Schwierig sind sie, weil ihnen ureigene *Entwicklungsstufen der Aggression* zugrunde liegen.

Eltern können ihren Kindern – und sich – helfen, mit schwer auszuhaltenden Gefühlen klarzukommen. Am besten gelingt das, wenn die Gefühlsausbrüche als Lernprozess und Teil der normalen Entwicklung wahrgenommen werden, denn genau das sind sie. Ein kluger Erwachsener weiß, dass sich ein Kind anfangs primitiv ausdrückt. Wächst es heran, lernt das Kind »Nein« auf neue, bessere Art und Weise zu sagen. Am besten lernt das Kind durch die Verhaltensmuster, die seine Eltern ihm vorleben.

- Wenn etwas schiefgeht, ist manchmal ein Trotz- und Wutanfall mit lautem Schreien die Folge. Einige Kinder machen etwas kaputt oder schlagen um sich.
- Wut ist eine gute Fähigkeit und ein gutes Gefühl. Ärger zu empfinden ist völlig normal, wenn etwas nicht so läuft, wie man es sich vorstellt. Das Kind ist lediglich nicht in der Lage, seine Gefühle und Handlungen zu steuern.
- Auch wenn zerstörerisches Handeln nicht toleriert werden darf, ist es nutzlos, das Kind bloß zu bestrafen, es zu beschuldigen oder aufzufordern, sich zu beruhigen. Ein Kind lernt nicht durch Befehle, seine Gefühle zu kontrollieren, sondern durch Anleitung.
- Lernen beginnt mit kleinen Dingen. Zieht ein Kind in ein fremdes Land, wird ihm die neue Sprache Wort für Wort beigebracht. Keiner brüllt, dass man das aber jetzt schon können müsse. Keiner geht bis zum Äußersten oder bestraft mit Arrest, wenn das Kind nicht sofort fließend die neue Sprache beherrscht.
- Strenge Disziplin und Strafen stärken emotionale Fähigkeiten nicht, sondern schwächen sie. Sie bewirken vielmehr, dass Kinder sich verschließen und noch mehr schwierige Gefühle in ihnen aufkeimen.
- Je größere Schwierigkeiten ein Kind hat, seine Gefühle zu steuern und mit Enttäuschungen umzugehen, umso mehr braucht es Beharrlichkeit, Engagement, Hilfe und Kompetenzen. Bedauerlicherweise erfährt es stattdessen häufig eine umso strengere Behandlung.
- Emotionale Fähigkeiten sind Fähigkeiten, mit denen Zorn in eine Kraftreserve verwandelt werden kann. Es ist möglich und leicht, diese Fähigkeiten zu vermitteln.
- Lernen Kinder und Jugendliche nach und nach ihre Wut und ihre Einstellung gegenüber den Dingen zu beherrschen, fühlen sie sich kompetenter und glücklicher.
- Emotionale Fähigkeiten sollten schon mit den ganz kleinen Kindern geübt werden, spätestens jedoch im Jugendalter und auch darüber

hinaus. Es geht um lebenslanges Lernen! Sie helfen Gereiztheit, Wut und Gewalt zu reduzieren.

- Im gleichen Maße nehmen Nähe, Geborgenheit und Sicherheit zu, ebenso wie das Wohlbefinden der Kinder und Jugendlichen und ihre Fähigkeiten, mit ihren Gefühlen umzugehen.
- Werden Sie zum Anleiter Ihres Kindes im Umgang mit Gefühlen. Leben Sie ihm vor, wie man Ärger richtig zeigt. Lernen auch Sie, Ihre eigenen Gefühle zu steuern.

Wenn ein Kind trotzt, versucht es, uns etwas Wichtiges mitzuteilen. Auch wenn es schwerfällt, es auszuhalten, sollten Eltern ihrem Kind nicht seine Gefühle verbieten. Der kindliche Zorn offenbart, dass etwas Wichtiges auf dem Spiel steht. Oder dass es müde oder gestresst ist oder ihm etwas fehlt.

Eine schlechte Alternative ist, mit dem Kind um die Wette zu brüllen. Denn dann begibt sich der Erwachsene gleichsam mit ihm auf dieselbe Entwicklungsstufe. Aus Sicht des Kindes heißt das, dass sich der Erwachsene verhält wie ein Kind. Kind zu sein ist aber eine Fähigkeit, die das Kind schon beherrscht. So wie ein Baby auch: Je unzufriedener es ist, umso lauter schreit es. Auf Schreien mit Schreien zu antworten ist keine gute Idee. Ein brüllender Erwachsener ist aus Sicht des Kindes weder sicher noch klug.

Ein Kind, das sich zu Hause nicht traut zu widersprechen, wird es auch dann nicht tun, wenn es sich gegen gefährliche Dinge zur Wehr setzen sollte. Etwas zu wollen sowie der Ausdruck von Gefühlen und der eigenen Meinung sind förderlich für das Selbstbewusstsein und das energische Auftreten des Kindes. Es sollte lernen, sich mit diesen Gefühlen auseinanderzusetzen, anstatt gegen sie anzukämpfen. Das müssen auch wir Erwachsenen oft noch üben.

Akzeptieren und respektieren Sie die Gefühle Ihres Kindes und hören Sie ihm zu. Stehen Sie ihm in schwierigen Augenblicken zur Seite. So kann es lernen, dass es in Ordnung ist, Gefühle zu haben und sie zu zeigen, auch wenn das für manche Handlungen nicht gilt. Mithilfe der Eltern kann das Kind lernen, die Ursachen hinter seinen Gefühlen zu erkennen und seine Gefühle zu kontrollieren. So können Sie die Kraft, die den Gefühlen innewohnt, positiv nutzen.

Durften Sie als Kind Ihren Willen und Ihre Wut zeigen?

Wie haben Ihre Eltern in Ihrer Kindheit auf Ihre Wut und Ihren Trotz reagiert? Können Sie sich an Beispiele erinnern? Schreiben Sie auf, woran Sie sich erinnern. Haben sich die Methoden Ihrer Eltern konstruktiv und gut angefühlt?

Sind Sie möglicherweise herumkommandiert und streng oder kalt behandelt worden? Oder wurde Ihnen mit Verständnis begegnet? Sind im Zuhause der Kindheit Gefühle vielleicht überspielt und verborgen oder in nur sehr engen Grenzen gezeigt worden? Dann kann es schwerfallen, die eigenen Gefühle zu erkennen. Der eine oder andere ist vielleicht streng bestraft worden, wenn er seinen Ärger allzu deutlich zeigte. Diesen Menschen fällt es oft besonders schwer, den Umgang mit den eigenen Aggressionen zu lernen. Wenn Ihnen Ihre Eltern verständnisvoll und erklärend begegnet sind, können Sie sich glücklich schätzen.

WENN DIE ÄRGERKONTROLLE IM GLEICHGEWICHT IST

Wenn ein Kind lernt, seine Wut zu kontrollieren, verleiht ihm das Kraft und Sicherheit. Ärgerkontrolle ist Teil der Gewalt- und Depressionsprävention und trägt zur Stärkung des Selbstwertgefühls und der Lebenskompetenz bei. Ziel ist es, dem Kind bzw. dem Jugendlichen Erfahrungen zu bieten:

- Ich stehe zu mir und ich bin wichtig.
- Immer, wenn ich möchte, kann ich meine Meinung sagen, und das in angemessener Art und Weise.
- Ich traue mich auch, mich zu verteidigen.
- Wenn es sein muss, setze ich mich für Gerechtigkeit ein.
- Ich halte verschiedene Gefühle aus und komme mit ihnen klar.
- Ich bin ebenso gut und genauso viel wert wie die anderen.
- Ich genieße das Leben, auch wenn es hin und wieder Widrigkeiten bereithält.

Ist die Gefühlskontrolle nicht im Gleichgewicht, können sich diese positiven Punkte und Stärken ins Gegenteil verkehren:

- Der Mensch steht nicht zu sich und fühlt sich nicht wichtig. Er sagt seine Meinung nicht. Er hat keine Kraft, sich zu verteidigen. Er tritt für nichts und niemanden ein.
- Der Mensch erträgt seine Gefühle nicht und kann nicht mit ihnen umgehen. Er fühlt sich nicht gleichwertig. Er genießt sein Leben nicht und jedes Hindernis erscheint ihm unüberwindbar.

WERDEN SIE STARKE ELTERN

Viele, die heute Eltern sind, haben selbst eine strenge Erziehung erfahren, in der Gefühle verleugnet, abgewertet oder vermieden wurden. Oft sind sie dann perplex, wie man über Gefühle sprechen kann. Sie müssen nach neuen Wörtern suchen und von Anfang an erlernen, was es heißt, ein zuhörender, Anteil nehmender und ermutigender Erwachsener zu sein. Gleichzeitig muss man möglicherweise gegen Gefühle und Verhaltensmuster ankämpfen, die ihren Ursprung in der eigenen Kindheit haben. Wenn Kinder früher Gefühle empfanden und zeigten, wurden sie oft für kindisch, schwierig und unartig gehalten. Oder man überging das mit den Worten: »Tu das jetzt einfach!« Über Gefühle wurde möglicherweise nicht gesprochen oder sie wurden nicht wahrgenommen. Daher war es auch schwer zu lernen, wie man Emotionen kontrolliert.

Es ist mutig und klug, die Erziehungsmethoden der eigenen Eltern aufzuarbeiten. Sie haben dem damaligen Wissensstand entsprechend ihr Bestes gegeben. Wir erhalten ständig neue Forschungsergebnisse über den Nutzen einer ermutigenden Erziehung und die Vorteile, über Gefühle zu sprechen. Es ist Zeit für eine neue Erziehung. Sie ist ein wertvolles Geschenk für das Wohlbefinden der nachfolgenden Generationen und ihre Entwicklung zu ausgeglichenen Erwachsenen.

Die Forschung hat gezeigt, dass eine »Zuckerbrot«-Erziehung dem Kind in vielerlei Hinsicht hilft und eine Erziehung »mit der Peitsche« ihm schadet. Aber auch ein übermäßiges Einmischen in das Tun des Kindes und das andauernde Beschwichtigen seiner Gefühle schaden ihm. Lassen Sie Emotionen zu, aber in einer sicheren Art und Weise!

Eltern der jüngeren Generation sind bereits weiter in ihren emotionalen Fähigkeiten. Sie haben mehr Zeit und wollen das

Wohlbefinden ihres Kindes stärken. Kinder werden nicht mehr durch Strafen und Demütigungen zu pflegeleichten Gehorsamkeitsautomaten erzogen. Heutige Eltern sprechen über Gefühle und können ihre Emotionen viel besser kontrollieren als frühere Generationen. Auch Sie lesen gerade ein wichtiges Buch. Das ist großartig! Dafür verdienen Sie eine Ehrenmedaille.

Eltern fühlen sich aber auch leicht schuldig und unzureichend. Widersprüchliche und komplizierte Ratschläge verursachen Stress. Doch übertrieben besorgt und gestresst zu sein lohnt sich nicht und ist auch wenig hilfreich. Ganz im Gegenteil, gegen die eigene Person gerichtete negative Gefühle wirken lähmend. Überlegen und entscheiden Sie, welche Richtlinien zu Ihrer heutigen Denkweise passen. Verändern Sie eventuell nur eine Kleinigkeit im Monat und schreiben Sie sie als Gedankenstütze in Ihren Kalender.

Man kann immer von vorn beginnen. Es reicht aus, wenn Sie Ihr Bestes geben und die eigenen Fehler korrigieren. Es reicht, Neues zu lernen, soweit man es schafft und vermag, und sich gegebenenfalls Hilfe und Rat zu holen. Dieses Buch wird Sie begleiten und unterstützen.

Wertschätzen Sie sich! Stärken Sie Ihr Selbstbewusstsein als Eltern. Glauben Sie an sich als Eltern. Sie sind der beste Vater oder die beste Mutter und der wichtigste Mensch der Welt für Ihr Kind. Sie sind großartige Eltern, Sie wollen neue Dinge lernen und es richtig machen. Mit kleinen Schritten wird Ihnen das gelingen. Sie müssen nicht vollkommen sein, um zu genügen. Niemand kann alles und man kann nicht immer an alles denken. Kümmern Sie sich um sich, unterhalten Sie sich mit Freunden, entspannen Sie! Jeder von uns, egal ob Eltern, Kind oder Jugendlicher, verdient die Unterstützung von uns allen.

Wer unterstützt Sie als Eltern?

Überlegen Sie. Wer sind die Menschen, die mit Ihnen die Verantwortung als Eltern teilen? Schreiben Sie hier all diejenigen auf, die – und sei es auch nur ab und zu – auf Ihr Kind aufpassen und es mit erziehen. Schreiben Sie auch alle Personen auf, die Sie mit Ratschlägen und konkreter Hilfe unterstützen. Das Selbstwertgefühl hängt viel stärker von anderen Menschen ab, als wir oft denken. Also suchen Sie nach Ermutigung und Unterstützung. Wer sonst könnte Sie bei der Elternschaft im Alltag noch ermutigen und bestärken? Sie verdienen Informationen, Hilfestellung und Unterstützung. Ein Erwachsener, der den Alltag meistert und dem es gut geht, kann am besten für das Wohl seines Kindes sorgen.

Worin sind Sie gut?

Auf seine Stärken zu setzen verbessert die Fähigkeit, Neues zu lernen. Kennen Sie Ihre besten Seiten, dann verfügen Sie auch über das Selbstvertrauen, um sich neuen Dingen zu stellen. Auch solchen, die anfangs schwierig wirken. Rufen Sie sich frühere Erfolge in Erinnerung und die Gefühle, die Sie damit verbinden.
Jetzt ist der richtige Zeitpunkt, sich selbst Medaillen zu verleihen. Sie sind wertvoll. Sie sind wichtig. In welcher Kategorie sind Sie Ihrer Meinung nach ein guter Vater oder eine gute Mutter? Sind Sie zum Beispiel neugierig und offen für neue Informationen? Sind Sie in der Lage, sich weiterzuentwickeln? Haben Sie viele Ideen? Verbreiten Sie Sicherheit? Sind Sie beharrlich, kreativ, liebend, herzlich, systematisch? Sind Sie ein guter Planer und Meister des Alltags oder ein lieber Tröster und ein interessierter Zuhörer? Verströmen Sie vielleicht Sicherheit und Stabilität oder stehen Sie für Schwung, Kreativität und sprudelnde Ideen? Fertigen Sie eine Liste Ihrer Stärken an oder malen Sie eine Ehrenplakette für sich. Überlegen Sie weitere Stärken, die Sie charakterisieren. Verleihen Sie sich den Heldenelternsuperpokal. Positionieren Sie die Liste/den Pokal an einem gut sichtbaren Platz, damit Sie diese immer betrachten können, wenn negative Gefühle die Oberhand gewinnen.

....

....

....

....

....

....

Kinder, Jugendliche und der Zorn

GEFÜHLSWELLEN

Ein Gefühl ist wie eine Welle. Wellen verändern sich unentwegt und sind in ständiger Bewegung. Eine Welle bäumt sich auf, verharrt eine Zeit lang am höchsten Punkt, sinkt dann wieder ab und verschwindet. Wellen kommen und gehen, ohne dass es unseres Zutuns bedarf.

Betrachten Sie die Gefühle und Gefühlsäußerungen Ihres Kindes aus dieser Perspektive. Wenn das Gefühl Ihres Kindes auf dem Höhepunkt ist, ist es eventuell besser, nichts zu tun. Gefühle sind gestattet und es ist in Ordnung, sie zu zeigen. Einem verzweifelten Kind muss immer geholfen werden. Wenn das Kind lernen soll, seine Gefühle zu zeigen und zu ertragen, dann müssen auch Sie die Gefühle, die das in Ihnen hervorruft, aushalten.

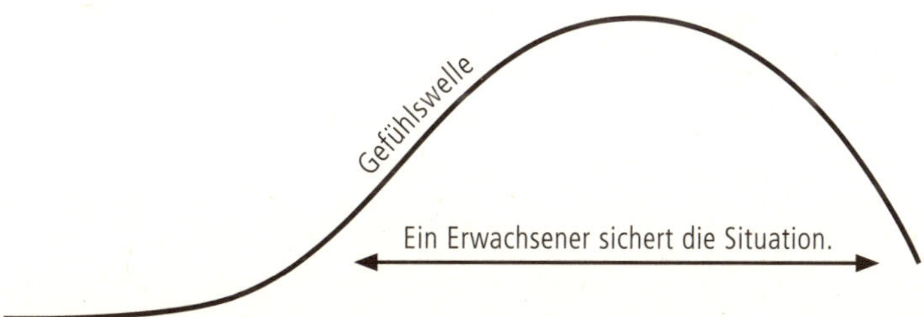

Häufig reicht es abzuwarten, dass die Welle abebbt und sich von allein beruhigt. Allerdings kann das Abflauen eines Gefühls auch unterstützt werden. Bleiben Sie bei Ihrem Kind, sofern es sich nicht zurückzieht, um sich zu beruhigen.

Gefühle brauchen nicht bestraft oder beseitigt zu werden,

schon gar nicht die Gefühle der anderen. Gefühle brauchen nicht gefürchtet oder erstickt zu werden. Das Kind muss lernen, seine Gefühle auszuhalten und keine Angst vor ihnen zu haben. Das Wichtigste ist zu lernen, dass Gefühle vorübergehen. Sei es auf dem Kamm einer Gefühlswelle auch noch so unerträglich, das Gefühl wird bald nachlassen.

Hilfreich ist allein schon, wenn Sie als Elternteil lernen, auf einen Gefühlsausbruch nicht mit Panik oder Verärgerung zu reagieren. Das wirkt beruhigend auf das Kind. Ganz besonders sollten Sie vermeiden, selbst eine Gegenwelle zu starten. Wird mit viel Energie und Gefühl gegen die Gefühlswelle angekämpft, folgen unweigerlich ein Zusammenstoß und ein noch größerer Sturm.

Auch aufschäumende und wie eine Flut hereinbrechende Gefühle sind begreifbar und logisch. Gefühle haben immer einen Grund. Gefühlswellen brauchen nicht erstickt zu werden, aber die Gründe für ihren Ausbruch sollte man untersuchen. Auf keinen Fall sollten Sie über den kindlichen oder jugendlichen Zorn geringschätzig lachen! Gefühle sind eine Botschaft, dass etwas Wichtiges vor sich geht. Niemand würde sich die Mühe machen, sich über Dinge, die sinnlos und unbedeutend sind, zu ärgern – kein Kind, kein Jugendlicher und kein Erwachsener. Wichtige Dinge sind wichtig, also sind auch die durch sie hervorgerufenen Gefühle groß und gleichermaßen nachvollziehbar. Es lohnt sich, nach den grundlegenden Bedürfnissen, Werten und Gedanken hinter den Gefühlen zu suchen. Eine Sache, die für einen Erwachsenen vielleicht einerlei ist, kann für ein Kind von entscheidender Bedeutung sein.

Ein Kind auf dem Höhepunkt eines Gefühlsausbruchs steckt mitten in einer starken Stressreaktion, aus der es sich nicht immer selbst befreien kann. Dann muss ihm geholfen werden. Natürlich würde die Welle mit der Zeit auch von selbst abflauen, aber das Kind ist es wert, dass ihm geholfen wird. Auch Jugendliche brauchen oft unsere Hilfe.

Denken Sie daran, dass ein Kind oder Jugendlicher in einem starken emotionalen Erregungszustand nichts lernt. Jegliches Fragen, Erklären und Unterweisen sind in diesem Zustand zwecklos. Erst muss das Kind beruhigt und geschützt werden, damit es nicht sich selbst oder andere verletzt und nichts zerstört.

Je kleiner das Kind ist, umso wichtiger ist es, dass es seine Gefühle in Taten und physischer Aktivität ablassen kann. Hierbei können wir dem Kind helfen und es lenken. Oft gilt das auch noch für Erwachsene, aber sie haben hoffentlich auch andere Wege gelernt, damit umzugehen. Diese kann man sich aneignen, indem man langsam die *Stufen der Aggression* erklimmt.

Sprechen Sie mit dem Kind über die Dinge, die ihm wichtig sind. Fragen Sie es, was es denkt, was es sich wünscht und was es braucht. Hören Sie zu, was das Kind sagt. Auch wenn es nicht alles bekommen kann, was es sich wünscht, so ist doch der Wunsch an sich nichts Gefährliches oder Schlechtes. Lassen Sie sich als Eltern nicht von den Gefühlen des Kindes verunsichern und reagieren Sie nicht verärgert. Ein Gefühl ist nur ein Gefühl, und es wird vorübergehen.

LASSEN SIE DEN WELLEN IHREN LAUF

- Alle großen aufschäumenden Gefühle gehen irgendwann auch von ganz allein vorüber. Gefühle basieren auf der Neurochemie unseres Körpers, auf Hormonen und chemischen Botenstoffen. Überschäumende Gefühle verbrauchen Energie und verebben nach und nach von selbst.
- Ein starker Gefühlszustand kann allerdings in die Länge gezogen werden. Es ist möglich, die Wut in sich anzustacheln, indem man an Dinge denkt, die einen wütend machen, oder wütende Menschen anstarrt. Allerdings lohnt sich das in der Regel nicht. Jeder kann sich bewusst entscheiden, ob er dem Gefühl freien Lauf lässt oder sich an das Gefühl klammert und es dadurch verstärkt.
- Kein Gefühl, und sei es noch so heftig, hält das ganze Leben an.
- Gedanken und Gefühle kommen und gehen als ein beständiger Strom. Sie wechseln und verändern sich wie das Wetter, die Wellen des Meeres, die Wolken am Himmel oder das Wasser in einem Bach. Der Rausch der Verliebtheit geht vorüber, aber das Lieben kann andauern. Ärger geht vorüber, aber das negative Gefühl gegenüber Menschen oder einer Sache kann bleiben.
- Es lohnt nicht, sich hilflos von heftigen Gefühlen mitreißen zu lassen.

SO LASSEN SIE DIE GEFÜHLE VON SICH UND ANDEREN ZU

Es ist ratsam, verschiedene Gefühlszustände tolerieren zu lernen. Lassen Sie Gefühle zu, wenn Sie sie spüren. Betrachten Sie Ihre Gefühle wie eine Welle, die eine Zeit lang auf dem Höhepunkt ist und dann von allein wieder abebbt. Sagen Sie sich: »Es ist bald vorbei und wird leichter.« Betrachten Sie Ihr Gefühl wie einen Schritt von der Seite. Das macht es einfacher und beruhigt überraschend schnell und effektiv.

Benennen Sie Ihre Gefühle. »Das ist Wut. Das ist Angst. Einsamkeit. Ausgeschlossensein. Niedergeschlagenheit.« Indem Sie ein Gefühl benennen, betrachten Sie es gleichsam von außen und gewinnen Abstand zum erlebten Gefühl. Sie sehen die Qualität des Gefühls und können es charakterisieren. Manche nehmen ihr Gefühl als Vibrieren war, andere hören Musik. Alle Gefühle sind auch an irgendeiner Stelle des Körpers zu spüren. Nehmen Sie diese Dinge und Ihren Körper mit Abstand wahr. Akzeptieren Sie alle Gefühle und kämpfen Sie nicht gegen sie an.

Beobachten Sie die Reaktionen Ihres Körpers während eines Gefühlsausbruchs – unbeteiligt, aber neugierig. Erspüren Sie Ihre Erfahrung: *»Mein Kinn ist angespannt und ich presse die Zähne zusammen. Mein Herz rast und hüpft. Auf meiner Stirn bilden sich Schweißperlen und ich habe rote Flecken im Gesicht. Hals und Brust sind wie zugeschnürt. Der Magen krampft. Das ist nur ein Gefühl und bald vorbei. Ein Gefühl ist nicht gefährlich.«* Diese Ansprache hilft Ihnen, Ihr Gefühl von außen zu betrachten und sich zu beruhigen. Es ist, als ob ein guter Freund oder eine gute Freundin zu Ihnen spricht. Es ist die Stimme der Vernunft und hilft Ihnen, auch während des Gefühlsansturms die Oberhand zu behalten.

Sehen und erspüren Sie die Veränderungen in Ihrem Körper. Stellen Sie sich vor, Sie stehen neben sich und betrachten sich wie ein unbeteiligter Beobachter. Vermeiden Sie, mit Ihrem Gefühl eins zu werden, sich mit ihm gleichzustellen und sich auf es einzulassen, egal ob es sich um Wut, Angst, Scham, Schuld oder was auch immer handelt. Ermahnen Sie sich: »Ich bin nicht das Gefühl, das Gefühl ist in mir. Das Gefühl dauert nur eine Weile.«

Denn es ist wahr: Sie sind nicht das Gefühl, sondern das Gefühl ist in Ihnen. Gefühle kommen und gehen wie ein ununterbrochener Strom in Ihrem Inneren, wie das Wetter oder Wellen. Akzeptieren Sie, dass in Ihrem Körper und Ihrem Geist ein Gefühl wütet. Wenn Sie gegen das Gefühl ankämpfen oder es fürchten, zögern Sie es hinaus und machen es schwerer zu kontrollieren.

Wenn Sie Ihr Gefühl fürchten oder es ablehnen, stehen Sie in einem fortwährenden inneren Kampf. Das kostet unnötig Kraft. Ein sich anbahnendes Gefühl kann abgewendet werden, indem Sie Ihre Aufmerksamkeit statt auf negative auf positive Gedanken richten. Ist aber eine starke Gefühlswelle im Anrollen, beispielsweise Schuld oder Furcht, dann lässt sie sich kaum abwenden.

Eignen Sie sich Methoden an, mit denen Sie Ihr Gefühl aushalten können. Dann werden Kinder und Jugendliche diese emotionale Kompetenz von Ihnen lernen.

Verstärken Sie Ihr Gefühl

Üben Sie, Ihr Gefühl zu verstärken und es auszuhalten, wenn Sie sich in einer sicheren Umgebung, beispielsweise allein zu Hause oder inmitten einer großen Menschenmenge, befinden. Rufen Sie sich etwas möglichst Unangenehmes in Erinnerung. Lassen Sie es zu und verstärken Sie es.

Gefühle erscheinen uns häufig als unkontrollierbar und gefährlich, also fürchten wir sie. Ein Gefühl braucht und sollte aber nicht gefürchtet werden. Spüren Sie Ihr Gefühl! Es wird bald vorüber sein.

Schon bald können Sie spüren, wie das Gefühl an Kraft verliert, wenn Sie es verstärken und dabei die Reaktionen Ihres Körpers und Ihres Geistes beobachten und dem Gefühl entschlossen »in die Augen« schauen. Das Gefühl tut Ihnen nichts. Es ist nicht gefährlich. Es ist nur ein Gefühl. Sobald Sie aufhören, sich vor Ihren Gefühlen zu fürchten und sie zu leugnen, können Sie auch Ihrem Kind die Fähigkeit vermitteln, seine Gefühle zu kontrollieren, und es anleiten, seine Gefühle auszuhalten. Dann fällt es Ihnen auch leichter, selbst ruhig zu bleiben, während Ihr Kind einen Gefühlsausbruch durchlebt.

Überlegen Sie, ob Sie Ihrer Erinnerung auch etwas Positives abgewinnen können. Beispielsweise, dass Sie versucht haben, etwas richtig zu machen oder etwas zu schaffen. Dann schreiben Sie diesen ermutigenden und motivierenden Aspekt im Geist auf ein Etikett. Packen Sie die gesamte Erinnerung in ein Paket, befestigen Sie das Etikett darauf und befördern es ins Archiv Ihrer Erinnerungen. Wenn Sie sich später wieder daran erinnern, werden Sie immer auch das Etikett »Ich habe versucht, es zu schaffen« vor Ihrem geistigen Auge sehen. Ich bin beharrlich und habe es versucht, aber nicht alles gelingt immer. Lächeln Sie sich selbst und der Erinnerung einvernehmlich zu.

....

....

GEFÜHLSSTÜRME

Im Leben von Kindern und Jugendlichen sind Gefühlsstürme besonders häufig. Sie sind Teil der Entwicklung. Gefühle werden am ehesten gegenüber Menschen gezeigt, die einem nahestehen. Daher kommen aufwallende und intensive Gefühlsausbrüche besonders häufig innerhalb der Familie vor. Das ist völlig normal.

Das Gehirn von Kindern und Jugendlichen erzeugt viele Gefühle. Sie durchlaufen Entwicklungsphasen mit Gefühlsstürmen, die, wenn sie erfolgreich überwunden werden, das Kind auf das ganze Leben vorbereiten. Man spricht von der emotionsgeladenen Trotzphase, die sanfter auch als Willensphase bezeichnet werden kann, und von der Pubertät. Die Chaosphasen sind allerdings individuell sehr unterschiedlich und hängen von den Eigenschaften und Lebensumständen des Kindes ab. Die verschiedenen Entwicklungsphasen werden im Kapitel *Die Stufen der Aggression* ab Seite 105 vorgestellt.

Kinder und Jugendliche erlernen und testen ihre emotionalen Fähigkeiten ständig. Kinder jeden Alters sind irgendwann trotzig und streiten sich, aber zum Glück vertragen und beruhigen sie sich auch wieder. Ein ununterbrochenes Trotz- und Streitverhalten hingegen sind ein Anzeichen dafür, dass es dem Kind nicht gut geht.

Anfangs sind die Kinder hilflos, aber glücklicherweise auch noch klein und können keinen großen Schaden verursachen. Deswegen sollten die Grundfähigkeiten schon vor dem Kraftzuwachs in der Pubertät erlernt werden. Die entscheidenden Phasen durchleben die Kinder im Alter zwischen zwei und zwölf Jahren, wenn sie noch nicht sehr groß und auch nicht besonders kräftig sind. Anleitung, Hilfestellung und das Vorbild eines Erwachsenen helfen hierbei am meisten. Unterstützen Sie

Ihr Kind und stehen Sie ihm zur Seite, dann sind Sie der beste Gefühlslehrer Ihres Kindes.

Gefühlsausbrüche und Ärger führen zu Situationen, in denen das Kind eine Vielzahl von Fähigkeiten erlernen kann, die ihm helfen, seine Gefühle zu kontrollieren und auszuhalten. Gefühlswellen insgesamt helfen, Gefühle besser zu ertragen, indem sie zeigen, dass man sie auch überstehen kann, ohne Schaden anzurichten.

Denken Sie immer daran, dass Kinder die Verhaltensweisen von Erwachsenen nachahmen, wie man handeln darf und sollte. Akzeptieren Sie, dass ein Kind noch unerfahren ist und erst übt. Gegen Unvermögen hilft Anleitung, nicht Bestrafung. Versuchen Sie selbst reif zu agieren und leben Sie dem Kind vor, wie man kompetent und gefühlstolerant eine Streitsituation meistert. Das ist, was das Kind am meisten braucht.

Viele versuchen, vor Gefühlen zu fliehen, sie abzuwehren oder gegen sie anzukämpfen. Schuld ist ein beängstigendes Gefühl, ebenso wie Furcht, Niedergeschlagenheit und viele andere. Ständige Unruhe des Kindes kann zumindest teilweise der Versuch sein, unangenehmen Gefühlen zu entfliehen. Dann sind emotionale Fähigkeiten gefragt.

Ein großes Gefühl braucht und kann nicht immer gebremst werden, so wie man auch eine Welle auf dem Meer nicht anhalten kann. Halten Sie die Welle aus und schützen Sie während der Welle Ihr Kind, sich selbst und die Umgebung, so wie in der Aufgabe *Wie man den Ärger auflösen kann* auf Seite 130 beschrieben. Dämmen Sie schädliche Gefühlsregungen ein und unterstützen Sie Ihr Kind darin, seine Gefühle auf andere Art und Weise auszudrücken. Ein Verbot ist nicht nur ein Verbot, sondern gleichzeitig eine Anleitung zu erlaubten Wegen, um seinen Gefühlen Luft zu verschaffen. Grenzziehung ist keine Sackgasse, sondern eine Richtungsänderung. Nicht das Gefühl ist falsch, sondern die Art, es auszudrücken, bedarf der Übung.

Es ist auch möglich, dem Kind Raum zu geben, um seine Gefühle rauszulassen. Das kann in solchen Fällen ratsam sein, wenn das Kind Stress, Müdigkeit oder Frust abbauen muss, wie zum Beispiel nach einem kräftezehrenden Schultag, einem Misserfolg oder einem anstrengenden Tag im Kindergarten.

All das kann sich auf nervtötende und unfaire Art und Weise entladen. Vielleicht beschimpft oder verletzt das Kind oder der Jugendliche andere und sein Rummotzen wirkt wie völlig überflüssiges Schikanieren. Dabei ist es gut und wichtig, dass es das zu Hause tut und seine miese Stimmung gegenüber seinen Eltern rauslässt. Oft gelingt es dem Kind dabei nicht, gerecht zu bleiben. Vielmehr richtet sich der Ausbruch gegen Menschen, die dem Kind Sicherheit geben und mehr oder weniger willkürlich ausgewählt werden. Für das Kind ist es schwer zu verstehen, woran es liegt, dass es sich schlecht fühlt.

Seien Sie für Ihr Kind diese sichere Bezugsperson, die den Ausbruch erträgt und aushält. Fragen Sie, was hinter dem Ausraster steckt und was die Ursache ist. Was braucht oder vermisst das Kind? Das hilft oft schon. Wenn Sie verstehen, dass ein Grund oder ein Bedürfnis dahintersteckt, wird es das auch selbst erkennen und zur Ruhe kommen.

Sicherheit ist immer eine gute Sache. Dafür reicht es oft schon zu beschließen, im Moment des größten Zorns nichts zu antworten. Nehmen Sie die Missstimmung Ihres Kindes wahr und denken Sie daran, der Grund sind nicht Sie, sondern etwas ganz anderes. Entscheiden Sie sich dafür, nicht verletzt zu sein.

Ein kleines Kind ist nicht gewalttätig, auch wenn es zuhaut. Das Kind hat anfangs nur keine anderen Mittel zu agieren. Glücklicherweise können Kinder lernen, ihre Handlungen zu steuern. Manche schneller, manche langsamer.

Was dem Kind jetzt hilft, ist ein entschiedenes Verbot, Blickkontakt und Berührung, ebenso wie konsequent die Schläge zu blockieren und ihm zur Seite zu stehen. Es kann notwendig sein, das Kind festzuhalten, um es am Schlagen zu hindern, aber keinesfalls darf man dem Kind wehtun.

ÜBERFALL DER GEFÜHLE

Allzu heftige, zerstörerische Gefühlsausbrüche sind allerdings für niemanden gesund und aus ihnen lernt man auch nichts. Hier übernehmen unvernünftige Gefühle die komplette Macht im Gehirn.

Unter einem emotionalen Überfall wird ein übermächtiges, ungezügeltes Gefühl verstanden, z. B. ein Wutanfall, eine Panikattacke oder totales Ausflippen. Das Kind windet sich, schubst, läuft weg, schlägt oder erstarrt regungslos und ist wie gelähmt.

Das Emotionszentrum im Gehirn (das limbische System) übernimmt die Macht. Das Denkzentrum (der Frontallappen bzw. der präfrontale Cortex) ist ausgeschaltet. Das bewusste Denken ist abgekoppelt und die unteren, primitiven Gehirnregionen übernehmen die Kontrolle. Tobt ein Kind in einem totalen Wutanfall, ist sein Gehirn gleichsam im Fehlerzustand, wie bei einem Kurzschluss festgefahren. Das Gehirn schaltet in den Zustand der geschlossenen Notsteuerung. Die Fähigkeit, Probleme zu lösen und die Umgebung wahrzunehmen, ist geschwächt, Steuerung und Kontrolle fehlen. Ein Zustand, in dem Gefühle die Macht übernehmen, kann urplötzlich auftreten oder man kann langsam hineinrutschen.

Eine derartige Situation ist vor allem bei kleineren Kindern nicht ungewöhnlich. Es schadet dem Kind und sollte deshalb nicht absichtlich provoziert werden. Müdigkeit, Hunger, Enttäuschung und viele andere Situationen lösen derartige Reaktionen bei fast allen Kindern aus. Wenn sich das Kind oder der Jugendliche bereits in diesem Zustand eines emotionalen Überfalls befindet, dann muss es möglichst schnell beruhigt werden. Unsinniges Wüten und Toben ist eine schädliche Erfahrung für das Selbstbewusstsein und die Lebenskompetenz. Mitten in einem Wutanfall ist das Kind verloren und hat sich verirrt. Es braucht einen Erwachsenen, der es durch sein Vorbild und Gelassenheit beruhigt.

Stellt man fest, dass ein Kind unter seinen negativen Gefühlen leidet und quengelt, sollte es beruhigt werden, bevor das Gefühl anwächst und problematisch wird. Handeln Sie vorausschauend und reden Sie positiv mit Ihrem Kind, richten Sie die Aufmerksamkeit des Kindes auf sich oder etwas anderes Beruhigendes. Sprechen Sie klar und deutlich. Danken Sie ihm sofort dafür, wenn es sich schrittweise beruhigt. Geben Sie einem hungrigen Kind eine Kleinigkeit, die man langsam essen muss, wie zum Beispiel einen Apfel oder einen Zwieback, je nachdem, wo Sie gerade sind. Für Kinder ist es typisch, alles schnell machen zu wollen. Es ist entscheidend, dass der Erwachsene nicht einschüchtert oder beschuldigt, das Kind nicht beschimpft, beschämt oder verspottet und der Vorfall nicht heruntergespielt wird und natürlich keinesfalls mit Strafe oder Ignorieren gedroht wird. All das würde den Gefühlsausbruch nur verschlimmern.

Wenn ein kleines Kind tobt, um sich schlägt und Dinge kaputt macht, heißt das nichts anderes, als dass es keine anderen Mittel hat, seine Gefühle auszudrücken. Verhält sich ein Erwachsener genauso, hat vielleicht auch er keine guten Methoden, aber er hat zumindest sehr viel mehr Fähigkeiten. Ein Erwachsener verfügt über mehr Erfahrung und einen größeren Wortschatz, und er hat schon länger trainiert. Das Gehirn eines Erwachsenen ist reifer, sein Denkvermögen und die Fähigkeit zur Selbstkontrolle sind weiter entwickelt. Er sollte mit der Situation besser umgehen können als ein kleines Kind. Vor dem Gesetz ist ein Erwachsener für seine Taten verantwortlich. Ein Kind kann diese Verantwortung noch nicht übernehmen.

Das Selbstwertgefühl von Kindern und Jugendlichen basiert auch darauf, wie die Umwelt in Situationen auf sie reagiert, in denen sie kopflos handeln und nicht kontrollieren können, was sie tun.

- Wenn Ihnen bei Ihrem Kind die Hutschnur platzt, dann dürfen Sie wütend werden und Ihre Gefühle zeigen. Aber auch dann ist Ihr Verhalten Vorbild für Ihr Kind. Meistens macht es keinen Sinn, wütend zu werden. Nehmen Sie stattdessen lieber eine kurze Auszeit. Sonst tun Sie möglicherweise Dinge, die Sie hinterher bereuen.
- Die Regeln der Ampel verstehen schon ganz kleine Kinder. Kinder und Jugendliche, die leicht und schnell wütend werden, brauchen einfache und klare Mittel, um ihre Gefühle zu beherrschen.
- Die Ampel ist eine Erinnerungsstütze, die man sich schnell und mühelos vorstellen kann. Das Ampelmodell ist eine gute Methode, um am vernünftigen Denken festzuhalten, wenn die Gefühle überschäumen. Damit kann es gelingen, eine Gefühlswelle abzuschwächen.
- Oft wissen bereits Kinder, dass die Farben einer Ampel automatisch wechseln. Genauso wechseln auch die Gefühle die ganze Zeit von allein. Auch wenn zwischendurch immer wieder Rot ist, wird bald schon wieder das grüne Licht leuchten.

ROT: STOPP! Anhalten!
Beruhige dich. Tu nichts, bevor du dich nicht beruhigt hast.
GELB: WARTE! Denke nach!
Überlege, was du fühlst, warum du so fühlst und was du jetzt tun kannst.
GRÜN: FAHRE! Handle!
Entscheide dich für die konstruktivste Variante und probiere sie aus.

Rot bedeutet, die Wut nimmt zu. Die Wangen werden rot und Sie sehen beinahe rot. Halt! Stopp! Warten Sie, dass das Gefühl schwächer wird, bevor Sie etwas tun, selbst wenn Sie das Gefühl haben, Sie müssten unbedingt etwas tun. Wenn Sie nicht anders können, dann tun

Sie etwas Einfaches, um sich abzureagieren. Gehen Sie spazieren, hüpfen Sie mit beiden Beinen, schreien Sie ins Kissen oder trinken Sie Wasser. Keiner zwingt Sie, etwas zu tun. Lassen Sie sich Zeit!

Gelbes Licht heißt warten. Warten Sie, bis die Vernunft sich wieder zu Wort meldet. Nehmen Sie sich Zeit zum Nachdenken: *Was fühle ich, wo kommt das Gefühl her?* Anschließend denken Sie darüber nach, wie Sie handeln sollten, damit Sie nicht etwas tun, das Sie hinterher bereuen. Hören Sie auf Ihren Verstand, auch wenn das Gefühl Ihnen etwas anderes sagt. Überlegen Sie sich Alternativen. *Wie kann ich meine Meinung konstruktiv äußern? Oder sollte ich lieber schweigen? Was ist mein Ziel?*

Erst wenn Sie es geschafft haben, über all diese Fragen nachzudenken, **wechselt die Ampel auf Grün.** Jetzt können Sie handeln und die Situation auflösen, indem Sie etwas tun. Versuchen Sie, die konstruktivste Alternative auszuwählen.

Wenn Sie spüren, dass Sie Ihr Gefühl später doch rauslassen müssen, dann tun Sie es woanders und nicht vor Ihrem Kind. Boxen Sie gegen einen Sack, rennen Sie eine Runde durch den Wald, brüllen Sie allein im Auto, laden Sie Ihr Gefühl bei einem Freund/einer Freundin, im Tagebuch, bei Ihrem Therapeuten ab. Akzeptieren Sie, dass Sie fuchsteufelswild sind, aber explodieren Sie nicht vor/gegenüber dem Kind.
Wütend darf man sein, aber die Handlungen müssen kontrolliert werden. Man darf nichts zerschlagen und niemandem wehtun. Kinder müssen das lernen, aber ein Erwachsener sollte in der Lage sein, seine Taten zu steuern.

DIE ÄRGERKETTE

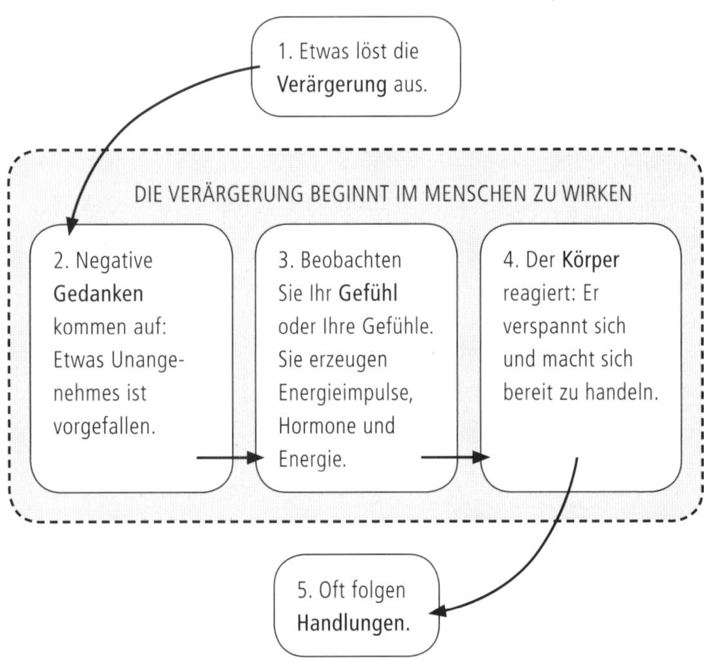

1. Jemand oder etwas löst den Ärger aus

In der Regel gibt es einen Grund für das Entstehen eines Gefühls. Ärger entsteht, wenn uns etwas stört. Das kann ein unangenehmer Lärm sein, ein Schubsen oder ein Stein im Schuh. Irgendetwas, durch das wir uns schlecht fühlen. Wir fühlen uns ungerecht behandelt, bedroht oder verletzt. Dann werden wir schnell sauer.

Oft sind die Auslöser ein Versehen und es war keineswegs Absicht, den Ärger in uns zu wecken. Wut entsteht aus einer empfindlichen Kette von Ereignissen, die mitunter auch erst im Nachhinein, beim Nachdenken über etwas, scheinbar völlig aus dem Nichts ihren Lauf nehmen können. Einige Menschen sind leichter verärgert als andere.

Für den Ärger kann es aber auch innere Gründe geben. Er kann auch aus den Gedanken eines Menschen aufsteigen. Manchmal reicht es, sich an einen unangenehmen Vorfall zu erinnern. Oder der Mensch stellt sich in seiner Fantasie einen Streit nur vor und wird davon wütend. Viele Streitsituationen entstehen wegen eines unbegründeten Verdachts oder eines Missverständnisses.

Hinter einem starken Gefühl verbirgt sich häufig ein Bedürfnis oder Angst: beispielsweise der Wunsch, Teil einer Gemeinschaft zu bleiben, die Angst davor, ausgeschlossen zu werden, das Bedürfnis nach Anerkennung oder nach Gerechtigkeit. Aus diesen nachvollziehbaren Bedürfnissen kann jedoch der Gedanke aufkeimen: »Der andere hat etwas falsch gemacht! Das ist ungerecht!« Und so nimmt die Ärgerkette ihren Lauf.

2.–4. Der Ärger wirkt im Menschen

Wenn uns etwas ärgert, werden wir nervös. Doch selten ist Ärger das einzige Gefühl. Weitere, schwierige Gefühle wie Hilflosigkeit, Scham, Rache oder Niedergeschlagenheit gesellen sich dazu. Wenn Ärger und Zorn einen Menschen erfassen, dann brodelt es heftig in den Gedanken, den Gefühlen und im Körper gleichermaßen. Die Gefühle laufen heiß und der gesamte Organismus reagiert mit einem Adrenalin- und Noradrenalin-Ausstoß. Der Körper ist angespannt, das Herz rast und pumpt Blut in die Muskeln, vielleicht werden auch die Hände zu Fäusten geballt. Der Mensch ist bereit zu kämpfen oder zu fliehen.

Körper und Gedanken sind in einem Stand-by-Modus, aus dem sie blitzschnell zu Taten übergehen können. Je stärker der Ärger ist, umso größer ist auch das Bedürfnis, ihn rauszulassen. Der Verstand arbeitet nur noch sehr begrenzt, auch wenn der Betroffene das selbst meist nicht bemerkt.

Die Gedanken kreisen in einem fort um den Grund der Verärgerung, falls man es nicht vermag oder möchte, seine Gedanken zu beruhigen. Gefühle brechen von selbst aus und Gedanken stacheln sie noch mehr an. Manchmal scheint die Zeit stehen zu bleiben. Der Mensch konzentriert sich nur noch auf die störende Sache und die von ihr hervorgerufenen negativen Gedanken. Dann ist die Gefahr hoch, durch seine Taten Schaden anzurichten.

Die Intensität der gefühlten Emotion hängt nicht nur von dem auslösenden Faktor, sondern auch von der persönlichen Geschichte, dem seelischen Zustand und dem eigenen Entschluss ab. Außerdem kommt es auch auf das eigene Vermögen an, den Ärger schnell in Ausdauer, Durchhaltevermögen und Flexibilität umzuwandeln.

Gedanken, Gefühle und körperliche Reaktionen kann man auch selbst beruhigen. Diese Fähigkeiten sind es wert, trainiert zu werden.

5. Ärger ablassen durch Taten

Ärger äußert sich zum Beispiel in Form von Schreien, Fluchen, Angreifen, Zerstören oder einer anderen sichtbaren Handlung. Menschen drücken ihren Zorn unterschiedlich aus. Der eine fängt an zu brüllen, der andere wirft mit Gegenständen. Ein dritter verlässt die Situation und zieht sich in die Einsamkeit zurück. Seine Art zu handeln wählt jeder selbst und die Verantwortung dafür kann keinem anderen aufgebürdet werden, egal wie sehr man geärgert wurde. Die Verantwortung für Ärger und Wut trägt jeder allein.

Manche Reaktionen auf Verärgerung können auch gut und nützlich sein. Der eine geht zum Sport, ein anderer arbeitet im Garten oder sucht sich eine andere nützliche Beschäftigung, um seine Gefühle abzureagieren. Jeder kann sich um Selbstkontrolle bemühen und für sich entscheiden, wie er seinen Ärger kanalisiert. Man kann sich beispielsweise an nette Dinge oder angenehme Menschen erinnern, bis hundert zählen oder den nächsten Urlaub planen, um auf andere Gedanken zu kommen. Man kann sich aus der Situation zurückziehen, joggen gehen, Musik hören, Liegestütze machen oder auf einen Boxsack einschlagen.

Es ist erlaubt, sich zu ärgern. Gefühle an sich sind weder gut noch schlecht, nicht zerstörerisch und auch nicht falsch. Aber die aus einem Gefühl resultierende Handlung kann schädlich sein. Das Verstehen, Beherrschen und Steuern von Gefühlen sind erlernbare und notwendige emotionale Kompetenzen. Man muss in der Lage sein, seine Handlungen zu kontrollieren, egal um was für ein Gefühl es sich handelt. Am besten gelingt das, wenn man weiß und versteht, wie man die Ärgerkette steuern kann, die nichts anderes ist als durch Ärger hervorgerufene Gedanken, Gefühle und körperliche Reaktionen.

Die vordergründigste Aufgabe der Eltern ist es, den Ärger des Kindes zu lenken und sich etwas einfallen zu lassen, was das Kind tun kann, wenn es zornig ist. Wichtig dabei ist, Handlungen, die Schaden verursachen, eindeutig zu verbieten. Noch wichtiger ist es allerdings, dem Kind zu zeigen, welche Handlungen erlaubt und unproblematisch sind, um sein Gefühl rauszulassen. So lernt das Kind, Alternativen zum Schlagen und Toben zu erkennen und zu suchen. Siehe hierzu auch *Wie man den Ärger auflösen kann* auf Seite 130.

DAS BEISPIEL VON DER SANDBURG

Ein Kind hat eine Sandburg gebaut, die ein anderes Kind zerstört. Das löst im ersten Kind eine Ärgerkette aus. Es denkt, der Freund, der seine schöne Sandburg zerstört hat, ist böse. Die negativen Gefühle kommen ganz automatisch. Das Zerstören der Sandburg ist eine schlechte Tat und grundfalsch. Sie verletzt und bedroht das Kind und verstößt gegen die Regeln der Freundschaft und der Gerechtigkeit. Der Ärger ist geweckt: »So darf mich niemand behandeln! Der verdient eine Lehre!«

Die Emotionszentren im Gehirn fangen an, energetische Aktivität und Hormone zu produzieren. Die Energieimpulse und Hormone verteilen sich im gesamten Körper. Der Ärger kocht schnell und automatisch hoch. Die Wirkungen sind in Körper und Geist zu spüren. Das Bedürfnis, etwas zu tun, wächst. Die Muskeln sind angespannt und der Puls wird schneller. Auch die Aktivität des Gehirns verändert sich. Gefühle schwächen die Denkleistung. Vernunft, Verständnis und die Aufmerksamkeit nehmen ab. Das Kind ist nicht mehr in der Lage, die Situation aus einem anderen Blickwinkel heraus zu sehen. Körper und Geist bereiten sich darauf vor zu handeln, indem sie sich auf das Ziel der Verärgerung konzentrieren.

Der Gefühlsaufruhr setzt Energie, Kraft und Mut frei. Er schiebt uns förmlich in Richtung Handlung. Das Kind ist »hochexplosiv«, was heißt, dass es nur einer Kleinigkeit bedarf, um es noch mehr zu verärgern. Die Muskeln des Kindes sind angespannt und es sieht wütend aus.

Die Ärgerkette führt zur Tat. Wahrscheinlich wird das Kind seinen Ärger direkt rauslassen. Die Handlungen können schädlich sein, wie Schlagen oder Zerstören, oder harmloser wie Schreien und Dingewerfen. Alternativen gibt es viele. In unserem Beispiel ist das Kind noch klein, also reagiert es unmittelbar. Vielleicht geht es zu seinem Freund und schlägt ihn oder zerstört dessen Sandburg.

Für ein kleines Kind ist eine Auszeit bereits eine große Leistung, wenn es beispielsweise wartet, bis der Ärger abklingt, oder zu einem Erwachsenen geht und um Hilfe bittet. Vorschnelle Urteile sind nicht notwendig. Ein Erwachsener sollte in der Lage sein, das Kind zu beruhigen und das Geschehene von verschiedenen Standpunkten aus zu beurteilen. Wie kann sich der Erwachsene ein vollständiges Bild von dem Vorfall machen? Wie kann man dem Kind beibringen, die Gedanken hinter dem Gefühl und der Tat zu sehen?

Das Kind, das die Sandburg zerstört hat, hat sich zuerst über irgendetwas geärgert. Vielleicht kann man sich Folgendes fragen: »Wir haben alle diese Sandburg bewundert. Hattest du vielleicht das Gefühl, dass dich keiner bewundert? Oder hast du dich schlecht gefühlt, weil nicht du diese Burg gebaut hast? Hast du dich vielleicht nach Aufmerksamkeit gesehnt?« Es gibt immer einen Grund, durch den die Tat begreifbar wird.

Falls das Kind, dessen Sandburg zerstört wurde, zu dem anderen Kind gegangen ist und es geschlagen hat, kann man von ihm ähnlich denken: »Du wolltest, dass die Sandburg genauso gebaut wird, wie du es dir vorgestellt hast. Du hast eine sehr schöne Sandburg gebaut. Und du wolltest bestimmt noch länger damit spielen. Hättest du dich gern in Ruhe auf dein Spiel konzentriert?«

Man sollte sich zuerst mit der gesamten Ärgerkette aus Sicht aller Beteiligten vertraut machen. Dann kann man sich wieder vertragen und einander um Entschuldigung bitten. Und zum Schluss werden solche schädlichen Taten für die Zukunft verboten.

Die Ärgerkette ist ein schnelles und normales Ereignis. Weder gut noch böse. Sie läuft von ganz allein ab. Auf genau die gleiche Art entstehen auch die anderen Gefühle. Ein kleines Kind kann den Verlauf seines Ärgers noch nicht beeinflussen. Das Steuern der Ärgerkette ist erlernbar und mit zunehmendem Alter kann der Mensch lernen, all ihre Phasen zu lenken. Ein Kind braucht die Unterstützung eines Erwachsenen, um die Phasen der Ereigniskette zu erkennen und zu lernen, wie es auf sie Einfluss nehmen kann.

Emotionale Kompetenz bedeutet, dass man seine Gefühle rechtzeitig wahrnimmt und dass man lernt, die Ursache für ein Gefühl zu erkennen, das Gefühl zu akzeptieren und die Kraft der Gefühle auf einen nützlichen Zweck umzulenken.

VERHALTENSBEISPIEL EINES ERWACHSENEN

Ein Elternteil hat gerade drei kleine Kinder fertig in dicke Wintersachen gesteckt, um mit ihnen auf den Spielplatz zu gehen. Dann wird er sauer. Und der Grund ist, dass eines der Kinder sich zum Vergnügen wieder ausgezogen hat, das zweite auf den Topf muss und das dritte in die Hose gemacht hat. Unterdessen haben die zwei Hunde der Familie im Spiel den Teppich verwüstet und einer der Hunde hat auf dem Teppich erbrochen. Da sagt der Erwachsene: »Jetzt reicht es mir aber! Ich bin sehr zornig! Ich habe euch gerade angezogen und die Hunde bringen alles durcheinander! Draußen ist es kalt und außerdem regnet es. Alles geht schief! Und was mache ich jetzt? Am besten einmal laut ins Kissen brüllen!«

Der Erwachsene nimmt ein Kissen von einem Stuhl im Flur, presst es gegen sein Gesicht und schreit laut. Das Kissen dämpft den Schrei. Die Kinder sind überrascht, schauen den Erwachsenen verdutzt an und fangen an zu lachen. Als der Erwachsene genug gebrüllt hat, beruhigt er sich und fängt selbst an zu lachen. Der Ärger ist verflogen, nichts Schlimmes ist passiert und die Stimmung ist wieder heiter.

Der Erwachsene im Beispiel verheimlicht sein Gefühl nicht, sondern zeigt es vor den Kindern. Gleichzeitig teilt er sein Gefühl mit ihnen ebenso wie die Überlegung, wie er mit dem Gefühl umgehen soll. Er benennt das Gefühl und dessen Ursachen. Dann verkündet er seine Entscheidung, das Gefühl herauszulassen, indem er ins Kissen brüllt.

Der Erwachsene hat ein Kissen gewählt, sich von den Kindern weggedreht und sein Schreien gedämpft. So hat er den Kindern keine Angst eingejagt und sie nicht erschreckt. Trotzdem haben die Kinder verstanden, dass der Erwachsene wütend ist. Die Kinder waren aufmerksam und haben viel aus der Situation gelernt.

Die Kinder haben gelernt, dass Erwachsene wütend werden können, aber selbst dann nicht angsteinflößend oder gefährlich sind. Ein Erwachsener weiß, wie er mit seinen Gefühlen umzugehen hat. Er verursacht keinen Schaden und findet eine harmlose Art, sein Gefühl rauszulassen. Dann ist es vorbei und alles wieder gut.

So haben die Kinder die ganze Ärgerkette kennengelernt. Gefühle kommen, man darf sie rauslassen, man braucht sie nicht zu ersticken, zu verheimlichen oder zu fürchten. Außerdem lernen sie, dass Gefühle schneller vorübergehen, wenn man sie zulässt und eine Zeit lang wirken lässt. Die Kinder haben ein wundervolles Beispiel gezeigt bekommen, wie man auf kreative und harmlose Art sein Gefühl rauslassen kann, ohne irgendjemanden einzuschüchtern.

DER VORSÄTZLICHE STÖRENFRIED ÄRGERT MIT ABSICHT

Jemand, der einen anderen mit Absicht reizt, will, dass dieser wütend wird. Er will Angst erzeugen, Gereiztheit, Weinen und dass der andere sich schlecht fühlt. Und er will, dass andere es sehen.

Jemand, der absichtlich provoziert, will seinen Status innerhalb der Gruppe aufwerten. Viele, die absichtlich ärgern, spüren, wer leicht zu ärgern ist. Denn wer sich ärgert, ist der Schwächere. Wer sich ärgert, verliert für einen Moment die Selbstkontrolle. Dadurch offenbart er sein Verletztsein und seine Verletzlichkeit. Der Geärgerte empfindet sich als Opfer, als Verletzter und als der Unterlegene. Deswegen bleibt ihm nichts anderes übrig, als wütend zu werden. Er befindet sich mitten in einem Gefühlsaufruhr und der Provokateur versucht, die Situation für sich zu nutzen, indem er das Opfer dumm aussehen lässt.

Es gibt unendlich viele Wege, wie man jemanden absichtlich ärgern und reizen kann: Vordrängeln in der Schlange, Schubsen,

Stinkefingerzeigen und Zungerausstrecken. Manchmal reicht es auch schon, dem anderen Schimpfnamen zu geben. Streithähne gibt es in der Welt reichlich. Wenn wir uns über jeden von ihnen ärgern wollen, dann müssten wir die ganze Zeit wütend und verärgert sein. Wollten wir auf jedes Hänseln reagieren, würden wir zu nichts anderem mehr kommen.

Eine Umgebung, in der einen nichts ärgert, gibt es nicht. Daran muss man sich gewöhnen und lernen, seinen eigenen Ärger zu steuern. Es ist ratsam, mit Bedacht die Situationen auszuwählen, in denen man bereit ist, sich aufzuregen.

Wenn ein Kind oder Jugendlicher sich jedes Mal aufregt, wenn ihn jemand ärgert, dann ist genau genommen nicht er es, der über seine Gedanken und Gefühle bestimmt und sie steuert. Vielmehr wird er immer dann automatisch wütend, wenn der Streithals es will. Menschen, die andere mobben, nutzen genau das aus. Sie ärgern immer diejenigen, die sich am meisten ärgern. Macht es also Sinn, sich wegen jeder Angelegenheit aufzuregen? Nein, es macht keinen Sinn, vielmehr ist es ratsam, sich bewusst dafür zu entscheiden, ruhig zu bleiben.

Oft provoziert jemand nur, um sein eigenes Unwohlsein im Streit abzureagieren. Dass er sich schlecht fühlt, liegt an ganz anderen Menschen. Wenn ein Kind zum Beispiel Streit mit seinen Freunden hatte, lässt es das zu Hause vielleicht an seiner Familie aus. Dann macht es keinen Sinn, sich ihm als Streitpartner zur Verfügung zu stellen, denn das bringt nichts.

Kann ein Mensch seinen Ärger überhaupt nicht steuern, verstärkt sich dieser automatisch. Dann laufen Gefühle, körperliche Reaktionen und Handlungen unweigerlich bis zum Ende ab. Das geschieht bei kleinen Kindern. Sie handeln intuitiv. Ein Baby fängt an zu weinen, wenn ihm etwas wehtut. Ein Kleinkind schubst zurück, wenn es geschubst wird. Es ist völlig natürlich, dass Schmerzen und Schubsen wütend machen.

Wenn das Kind, das andere absichtlich ärgert, größer und älter ist, wird das kleinere, geärgerte Kind seine Gefühle verheimlichen und herunterschlucken. Das ist natürlich, denn der Kleinere hätte keine Chance, einen Kampf zu gewinnen. Ist es das kleinere Kind, das andere ärgert, wird das größere und ältere Kind eher bereit sein, seinen Ärger zu zeigen. Das erfordert keinen Mut, denn das ältere ist auf der sicheren Seite. Aus diesem Grund sind Eltern gegenüber ihren Kindern in einer anderen Position. Ein Kind kann versucht sein, seine Gefühle vor dem Größeren, in dem Fall vor den Eltern, zu verheimlichen. Ein Erwachsener wiederum zeigt seine Gefühle vielleicht zu stark, weil es niemanden gibt, der ihn daran hindert.

JEDER IST FÜR SEINE TATEN VERANTWORTLICH

Jeder ist auch für die Taten verantwortlich, die er im Zustand der Verärgerung begeht. Das kann das Kind oder der Jugendliche noch nicht verstehen und beschuldigt andere oder die Umstände.

Das Vorbild der Erwachsenen ist wichtig. Ärgern Sie sich über Kleinigkeiten? Schieben Sie die Schuld für Ihre Taten auf andere? Ist der Teppich schuld, wenn Sie stolpern? Wenn Sie anderen Vorwürfe machen, wird Ihr Kind das von Ihnen lernen.

Selbst wenn man sich über etwas ärgert, ist das kein Freibrief dafür, sich schädlich zu verhalten. Die eigene Verantwortung wird auch nicht durch Zeitnot, Stress, Müdigkeit oder Kopfschmerzen reduziert. Suchen Sie nach Wegen, sich zu beruhigen, die zu Ihnen passen. Gehen Sie spazieren, machen Sie eine Pause, sprechen Sie im Geiste vernünftig zu sich selbst oder denken Sie an angenehme Dinge. Mehr zum Thema im Kapitel *Beruhigende Gedanken* ab Seite 193.

Nerven, Gefühle und das eigene Verhalten zu besänftigen und zu kontrollieren ist eine Fähigkeit, die man erlernen sollte. Dann können Sie Ihrem Kind ein gutes Beispiel sein. In vielen

Situationen ist Ruhe Trumpf. Eine Möglichkeit ist, sich auf ein vorher festgelegtes Ziel zu konzentrieren: »Ich verhalte mich respektvoll. Es lohnt nicht, sich aufzuregen.«

Ärgerliche Worte, Gesten und Taten kann man oft einfach ignorieren, sich nicht von ihnen beeindrucken lassen und denken, dass der Verursacher vielleicht einen schlechten Tag oder schlechte Laune hat. Deswegen lohnt es sich noch lange nicht, sich die eigene Laune oder den Tag verderben zu lassen. Die Reizauslöser können in den Korb C gepackt werden (siehe den folgenden Faktenkasten) und Sie überlassen es dem Streithahn, seinen Ärger zu überwinden. Es bringt nichts, auf jedes Meckern zu reagieren. Es ist Platz genug in der Welt für alle möglichen Eskapaden.

ORDNEN SIE DEN STREIT JE NACH WICHTIGKEIT DEM KORB A, B ODER C ZU

Wenn Sie jemand ärgert, entscheiden Sie, wie Sie reagieren. Dieser Hinweis gilt vor allem für Kinder und Jugendliche, die unentwegt trotzen. Es hilft, durchzuhalten, um nicht die Leitfunktion und die Kontrolle über die Situation zu verlieren. Man kann sich nicht immer ärgern, wenn man geärgert wird, sonst kommt man zu nichts anderem mehr. Überlegen Sie, ob die Sache es wert und jetzt der richtige Moment zum Streiten ist. Handeln Sie entsprechend Ihrer Entscheidung. Ordnen Sie die Streitsituationen in die Körbe A, B oder C.

C-Korb. Nicht wichtig. Viele Situationen kann man einfach vorübergehen lassen, ohne sich einzumischen oder sich beeindrucken zu lassen. Lassen Sie hässliche Worte manchmal einfach vorbeifliegen. Kümmern Sie sich nicht um jede Unordnung oder jede Grimasse. Nicht immer lohnt ein Streit. Ein fröhliches Zuhause ist viel wichtiger, als ein zerstrittenes, in dem alles picobello ist. Hin und wieder ist es durchaus gestattet, auch starke Gefühle zu zeigen. Trösten Sie und schenken Sie Liebe.

B-Korb. Wichtig. Wenn es Streit um Regeln gibt, die das Kind oder der Jugendliche Ihrer Meinung nach gerade lernen soll, dann sollten Sie immer intervenieren. Reden Sie mit ihm. Erklären, fordern, begründen Sie und kontrollieren Sie die Einhaltung der Regeln. Helfen, unterstützen, ermutigen Sie und bekräftigen Sie seinen Glauben an den Erfolg. Regeln, um die es gehen könnte, sind die Bildschirmzeit, Nachhausekomm-Zeiten, Zähneputzen und Ähnliches. Verteidigen Sie die Regeln energisch und wiederholen Sie immer wieder die Folgen bei Verstößen. Bleiben Sie bei Dingen aus Korb B unnachgiebig, egal wie müde Sie sind. Konsequenz ist wichtig.

A-Korb. Lebenswichtig. Sind Gesundheit oder Sicherheit Ihres Kindes bedroht, ist unmittelbares Handeln gefragt. Bei Dingen aus Korb A ist es manchmal unvermeidlich, das Kind oder den Jugendlichen physisch an etwas zu hindern. Schlägt das Kind, hindern Sie es am Schlagen, indem Sie seine Hand festhalten. Rennt Ihr Kind auf eine verkehrsreiche Straße, holen Sie es zurück. Fügt es sich selbst Verletzungen zu, hindern Sie es daran. Wenn Sie befürchten, dass Ihr jugendliches Kind in Gefahr ist, holen Sie es nach Hause und wachen Sie darüber, dass nichts Schlimmes passiert. Verteidigen Sie Ihren Standpunkt sowohl mit Worten als auch mit Taten. Begründen Sie, warum Sie so handeln. Gesundheit und Sicherheit Ihres Kindes sind so wichtig, dass Sie das Recht haben, auch physisch einzugreifen und Körper oder Eigentum des Kindes anzufassen.

UND WENN SIE SICH TROTZDEM AUFREGEN

Als Erwachsener verfügen Sie über Alternativen und haben die Möglichkeiten zu wählen, wann und weshalb Sie wütend werden. Versuchen Sie zu erkennen, wann Sie absichtlich gereizt werden. Überlegen Sie im Vorhinein, wie Sie auf so eine Situation reagieren sollten und wollen. Treffen Sie eine bewusste Wahl, wenn jemand Sie vorsätzlich provoziert.

Natürlich sind auch Erwachsene manchmal verletzt, müde oder gestresst. Es ist ganz normal, dass Ihnen hin und wieder der Kragen platzt. Ziel ist es nicht, dass Erwachsene niemals mehr gegenüber Kindern sauer werden oder sich vor den Kindern streiten. Ziel ist es, dass Erwachsene, wenn sie wütend sind, den Kindern ein Beispiel geben, wie sie ihren Ärger richtig zeigen können. Es ist wichtig, solche Ziele zu haben, selbst wenn sie im Moment des Wütendseins oft vergessen werden. Seien Sie nachsichtig mit sich als Eltern! Die eigene Verärgerung entsteht schnell und automatisch. Stellt man fest, dass man mit dem Kind oder Jugendlichen um die Wette schreit, ist es ein guter Moment, die eigenen Fähigkeiten zu trainieren, ein Time-out einzulegen und um Entschuldigung zu bitten. Gefühlsausbrüche im Alltag helfen allen, einen Schritt in Richtung emotionale Kompetenz zu tun.

Indem Erwachsene Gefühle zeigen, werden sie zu guten Vorbildern und Beispielen. Selbst das Zeigen unangenehmer Gefühle ist nützlich, heißt es doch, dass die Gefühle nicht verheimlicht werden und der Erwachsene sich nicht dafür schämt oder sich vor ihnen fürchtet. Nichts vortäuschen, nichts herabspielen. Ein Streit zeigt, dass man auch schwierige Situationen überstehen kann und dass keiner vollkommen ist.

Wenn Sie wütend geworden sind, etwas gesagt oder getan haben, das andere verletzt, dann lernen Sie, sich zu entschuldigen, und zwar schnell und sofort. Das beruhigt die Situation und erleichtert auch Ihr Befinden.

Ihren Gefühlsaufruhr können Sie später noch einmal zur Sprache bringen. Für einen Gefühlsausbruch braucht man sich nicht zu schämen. Es ist nichts, das man später verschweigen müsste. Sie können erklären, warum Sie wütend waren und wie es dazu gekommen ist. Wenn Sie auf das Niveau eines Kleinkindes herabgerutscht sind, geben Sie zu, dass Sie sich dumm und falsch verhalten haben. Sagen Sie, dass es Ihnen leidtut. So sind Menschen nun mal. Das Wichtigste ist, über Gefühle zu sprechen und zu erklären, warum Sie sich so verhalten haben.

Dann kann man die Sache auch ruhen lassen. Versuchen Sie, milde zu sich zu sein. Es bringt nichts, sondern schadet eher, sich in Selbstvorwürfen zu zerfleischen. Unterschiedlichste Gefühle und Fehler gehören zum Leben.

So werden Kinder zu einer Kultur erzogen, in der man miteinander streiten und offen über alles sprechen kann und die Rechte des anderen respektiert.

Sind Sie schon einmal mutwillig gereizt worden?

Können Sie sich in Ihrem Leben an Ereignisse erinnern, wo jemand Sie absichtlich geärgert und versucht hat, Sie wütend zu machen? Erinnern Sie sich, wie es ausgegangen ist? Haben Sie Ihre Gefühle gezeigt oder haben Sie Ihren Ärger heruntergeschluckt? Situationen sind unterschiedlich und jeder Mensch ist verschieden.
Kennen Sie Menschen, die Ihrer Meinung nach viel zu schnell wütend werden? Oder die sich das Recht zugestehen, genervt und wütend zu sein? Vermitteln sie Ihnen ein Gefühl von Sicherheit?
Kennen Sie Menschen, die scheinbar nie wütend werden und ihren Ärger immer herunterschlucken, ohne ihn jemals zu zeigen? Wie wirken diese Menschen auf Sie?

....

....

....

....

....

....

....

....

....

....

GEFÜHLE ÜBERTRAGEN SICH

Gefühle übertragen sich leicht von Mensch zu Mensch. In unserem Gehirn gibt es Regionen, die insbesondere die Gefühle anderer Menschen widerspiegeln. Die sogenannten Spiegelzellen kopieren die Gefühle der anderen. Das geschieht ohne unser Zutun und ohne dass wir es merken. So werden wir in der Nähe eines wütenden Menschen mit der Zeit auch wütend. Entsprechend müssen wir in der Nähe eines fröhlichen Menschen nach einer Weile auch lächeln. Und in der Gesellschaft eines erschöpften Menschen fühlen auch wir uns bald kraftlos.

Das sollten Sie immer im Hinterkopf haben, wenn Sie mit Kindern und Jugendlichen zusammen sind. Die Übertragung von Gefühlen geschieht in beide Richtungen, vom Kind zum Erwachsenen und vom Erwachsenen zum Kind. Seien Sie in dieser Hinsicht aufmerksam. Ist ein Kind verärgert oder wütend, regen sich auch im Erwachsenen Ärger und Wut. So wird aus einer Kleinigkeit schnell ohne Grund eine große Sache.

Oft ist es gerade dann, wenn ein Kind übellaunig ist, dass Eltern das Bedürfnis nach emotionalen Fähigkeiten verspüren. Vor allem dann, wenn die einzige Art, mit der Situation umzugehen, darin besteht, lauter zu schreien als das Kind. Mit einem kleinen Kind um die Wette zu schreien oder mit einem größeren Kind zu rangeln, sind keine guten Alternativen, mit den Gefühlen umzugehen. So leiden das Selbstwertgefühl und das gegenseitige Vertrauen auf beiden Seiten.

Sind sowohl der Erwachsene als auch das Kind aufgebracht, dann wird eine Streitsituation schnell zum Chaos. Das führt dann dazu, dass sich beide Seiten schlecht fühlen und Reue empfinden. Bei einem wütenden Menschen funktioniert der Verstand nicht gut. Gefühle sind natürlich sowohl beim Kind als auch beim Erwachsenen erlaubt, allerdings sollte ein Erwachsener auch mitten in einem Gefühlsaufruhr möglichst überlegt agieren können. Er sollte in der Lage sein, seine Gefühlskurve möglichst flach und die Vernunft hoch zu halten. Das Kind braucht den Erwachsenen, damit dieser ihm die Beherrschung schwieriger Gefühle vorlebt.

Gegen die Übertragung von Gefühlen kann man ankämpfen und sie verhindern. Das Beste ist, der Erwachsene kann seine Gefühle kontrollieren und sich selbst beruhigen, wenn der Trotz eines wütenden Kindes auf ihn überzuspringen droht. Es ist möglich, auf einen kindlichen Anfall nicht zu reagieren und ihn von allein abebben zu lassen.

Gelingt es dem Erwachsenen, ruhig zu bleiben und sich darauf zu konzentrieren, seine Atmung zu verlangsamen, indem er etwa ein schönes Bild an der Wand oder ein Detail im Gesicht des anderen betrachtet, dann überträgt sich die Ruhe auf das Kind. Wenn Sie ein Kind beruhigen wollen, dann schauen Sie ihm auf Augenhöhe in die Augen, berühren Sie es und sprechen Sie beruhigend auf es ein. So überträgt sich Ihre Ruhe am schnellsten auf das Kind.

Das kindliche Gefühl ist wertvoll und man sollte sich ihm nicht verschließen. Ein Erwachsener, der sich steif, mechanisch und völlig gefühllos verhält, erscheint dem Kind distanziert und seltsam. Die beste Unterstützung für das Kind ist, sein Wutgefühl ernst zu nehmen.

SIND SIE EIN OFFENES GEFÄSS FÜR GEFÜHLE?

- Schützen Sie Ihr Wohlbefinden und Ihre innere Ruhe. Das fördert Ihre Gesundheit auf vielerlei Weise. Ein frohes Herz ist Gold wert.
- Geben Sie nicht darauf acht, sind Sie wie ein offenes Gefäß für Gefühle. Jeder, dem Sie begegnen, kippt seine Gefühle hinein.
- Wenn ein junger Mensch verzweifelt zu Ihnen kommt und das gleiche Gefühl auf Sie übergreift, sinkt Ihre Handlungsfähigkeit und es fällt Ihnen schwerer, einen Ausweg aus der Situation zu finden. Das ist mühsam und hilft niemandem.
- Es lohnt, sich anzugewöhnen, seine positive Einstellung und sein Gleichgewicht zu beschützen. Dann strahlen Sie es auch gegenüber Ihren Mitmenschen aus.

WELCHES GEFÜHL VERBREITEN SIE?

- Der Gefühlszustand der Eltern wirkt sich gravierend auf die Atmosphäre zu Hause aus, selbst wenn die eigenen Gefühle verheimlicht werden. Die Mitmenschen werden das gleiche Gefühl sehr rasch und unbewusst kopieren. Unsere Gefühle wirken sich auf andere aus. Deshalb hängt die Stimmung zu Hause von jedem Einzelnen ab.
- Der Streit der Eltern wirkt sich direkt auf die Gefühle der Kinder aus, sodass es auch zwischen ihnen zum Streit kommen kann. Eine angespannte Stimmung überträgt sich auf sie. Auch Stress, Eile, Sorgen und Ängste stecken leicht an. Das Trotzalter ist für alle eine angespannte Phase und ein Jugendlicher in der Pubertät sieht alles negativ.
- Betritt ein aufgebrachter Mensch einen Raum, fangen auch alle anderen an, sich zu ärgern. Gefühle übertragen sich auch am Arbeitsplatz und in der Schule. Ein einziges trotziges, unruhiges oder gewalttätiges Kind kann die Stimmung einer ganzen Klasse oder eines ganzen Tages beeinträchtigen. Auch eine Krisenstimmung im Lehrerzimmer kann als Anspannung beim Lehrer spürbar werden, die sich auf die Kinder überträgt.
- Vermeiden Sie, schlechte Stimmung und Ärger um sich herum zu verbreiten. Es ist unfair, wenn Außenstehende sich in Ihrer Nähe gereizt fühlen.
- Welches Gefühl bringen Sie mit und bieten Sie anderen an? Was strahlen Sie aus? Welches Gefühl haben Sie im Gepäck, wenn Sie einen Raum betreten?
- Übernehmen Sie Verantwortung für Ihre Gefühle. Es ist möglich, positiv auf sie einzuwirken, bevor Sie anderen Menschen oder Ihrem Kind gegenübertreten.

AGGRESSIONEN SIND NÜTZLICH

Ärger ist ein wichtiges Gefühl und nichts Schlechtes. Gefühle müssen nicht ausgemerzt werden. Zeigt ein Kind seinen Groll, dann will es eigentlich fragen: »Darf ich zeigen, dass ich mich ungerecht behandelt fühle oder mich davor fürchte, allein zu sein? Hört mir jemand zu? Ist mein Empfinden wichtig?« Ärger ist ein Mittel, die eigene Erfahrung mitzuteilen und zu verteidigen. Das ist eine unabdingbare Fähigkeit in menschlichen Beziehungen oder wenn es darum geht, seine Rechte zu verteidigen.

Gefühle lenken Ihre Aufmerksamkeit auf einen Umstand, der Sie stört, und gebieten Einhalt. Sie spornen uns an, zu handeln und die Situation zu verändern. Dabei geht es um Werte und Bedürfnisse. Vielleicht ist etwas Entscheidendes bedroht, wie beispielsweise die Sicherheit, das Wohlbefinden, das Recht auf Ruhe und Schlaf oder das Bedürfnis nach Nähe. Für wichtige Werte muss man eintreten.

BEISPIEL VOM STÖRENDEN LÄRM

Stört es Sie manchmal, wenn Ihr Wandnachbar zu laut Musik hört? Sie haben es eine Zeit lang hingenommen, dann sind Sie sauer geworden und haben an die Wand geklopft? Wenn die Musik lauter wurde, haben Sie stärker an die Wand geklopft, bis die Musik aufhörte. Ruhe und Zufriedenheit haben von Ihnen Besitz ergriffen.

Ärger keimt in einer Situation auf, bewirkt eine Veränderung und führt zu einem guten Endergebnis. Ärger keimt auf, wenn etwas die eigene Ruhe stört. Er verschwindet, wenn wieder Ruhe einkehrt. Schwierige Gefühle verraten, was für Sie wichtig ist, und helfen, Wichtiges zu verteidigen. Ärger, Zorn, Trotz und andere starke, schwer auszuhaltende Gefühle sind somit auch notwendig. Sie verleihen Kraft und Mut, die eigene Meinung zu sagen, sich zu verteidigen und die Welt zu verändern. Zorn und die Überwindung von Rückschlägen bringen uns voran. Jemand, der sauer ist, möchte etwas Gutes bewirken und die Welt wieder friedlich und sicher machen.

Die Aufgabe des Gefühls ist es, das ruhige, zufriedene Befinden wiederherzustellen. Hat das Gefühl seine Aufgabe erledigt, flaut es ab und verschwindet. Aggression entsteht also, wenn sie gebraucht wird, und verleiht uns Energie zum Handeln. So einfach ist es bei Erwachsenen. Das Gefühl flammt bei Bedarf auf. Ansonsten sind wir Erwachsenen eigentlich ziemlich entspannt.

Bei Kindern und Jugendlichen aber ruft die Reifung des Gehirns entwicklungsbedingt Trotz und Aggression hervor. Das kann auch passieren, wenn die Bedingungen eigentlich ruhig und angenehm sind. Alles ist gut, aber Kind oder Jugendlicher sind trotzdem unzufrieden oder wütend und begegnen ihren Eltern mit Trotz. Sie durchlaufen die *Stufen der Aggression,* Entwicklungsphasen, für die sie nichts können, weil sie unvermeidlich und notwendig sind. Die Eltern sollten sich durch ihnen entgegengebrachten Trotz nicht verletzt fühlen, denn er ist Teil der natürlichen Entwicklung. Aufgabe der Eltern ist es, ihr Kind zu tolerieren, zu unterstützen und geduldig zur nächsten Stufe zu führen.

Worüber ärgern Sie sich?

Welche Dinge ärgern Sie am meisten? Wann oder in welchen Situationen regen Sie sich in der Regel auf? Was für ein Verhalten bringt Sie auf die Palme? Werden Sie wütend, wenn sich jemand im Verkehr unvorsichtig verhält oder Ihr Lieblingssportverein verliert? Ärgern Sie sich, wenn Sie jemand beschimpft, Ihnen die Zunge rausstreckt oder den Mittelfinger zeigt?

Schreiben Sie Dinge, die Sie ärgern, unten an die Strahlen der Sonne. Das Gefühl der Wut kündet auch davon, was Ihnen wichtig ist und dass Sie über viel emotionale Energie verfügen.

Ich rege mich auf, wenn

....

....

....

....

....

....

....

....

....

....

....

Auch im Faktenkasten *Wenn die Ärgerkontrolle im Gleichgewicht ist* auf Seite 14 ist vom Nutzen und dem Kraftgewinn durch Aggressionskontrolle die Rede. Überwindung von Rückschlägen, der Wille und Zorn sind gute und starke Kräfte. Sie geben dem Leben Energie. Das ist eine gute Sache. Genau genommen ist das eine großartige Sache.

Ein starker Wille hilft, Dinge im Leben zu erreichen. Ein Prozess, den man als »Inneren-Motor-in-Gang-Setzen« bezeichnen könnte, verleiht Kräfte, es noch mal zu versuchen, wenn man Rückschläge erlitten hat. Starke Gefühle machen uns zäh und wecken den Kampfgeist, wenn uns das Leben übel mitspielt. Mit »sisu«, dem finnischen Wort für Kampfgeist und Unnachgiebigkeit, verwirklicht man Träume und wo ein starker Wille ist, da findet sich auch immer ein Weg. Allerdings braucht derjenige, dessen Gefühle schnell und stark aufbrausen, mehr Übung, um seine emotionale Energie nützlich und konstruktiv einzusetzen.

Beharrlichkeit heißt, trotz aller Widrigkeiten nicht aufzugeben. Es zeugt davon, dass man sich für eine Sache interessiert und leidenschaftlich dafür brennt. »Sisu« verleiht die notwendige Energie, um es noch mal zu versuchen, und gibt neue Richtungen vor, in die man preschen sollte. »Sisu« in sich kann man nähren, er führt zum Erfolg und verleiht Schwung für Ausbildung und Leben.

Die emotionale Energie sollte positiv genutzt werden. Lernen Sie Ihre Gefühle kennen und bestrafen Sie nicht Ihr Kind für seine Gefühle. Fähigkeiten, die Gefühle zu steuern, helfen dem Kind und jungen Menschen, ausdauernd, flexibel und unbeugsam zu werden.

KAMPFGEIST, WILLE, ZORN UND AGGRESSION SIND NOTWENDIG

- **Für Resolutheit und Selbstwertgefühl:** Wer den Mut hat, sich schwierigen Gefühlen, Situationen und Dingen zu stellen, fühlt sich energiegeladen und stark. Wer sich traut, schwierigen, neuen Dingen zu begegnen und dabei Erfolg hat, vermehrt sein Selbstwertgefühl. Falls man sich traut und es gelingt, wird man sich auch in Zukunft an neue Dinge heranwagen. Stellt man fest, dass man die Dinge zum Besseren wenden kann, wenn man beharrlich bleibt und seine Meinung sagt, dann fühlt man sich stärker und selbstsicherer. Dann wird man sich wichtig fühlen und gelernt haben, dass es sich lohnt, die eigene Meinung zu sagen. Die Erfahrung, dass einem etwas gelungen ist, ist ein wichtiger Baustein auf dem Weg zu einem gesunden Selbstgefühl.
  Aus diesem Grund sollte man alle Versuche des Kindes, sich auszuprobieren, unterstützen und sich seine Meinung anhören.

- **Für die Fähigkeit zur Selbstverteidigung:** Jeder braucht Resolutheit, Mut und Aggression, damit er sich traut, eine respektvolle Behandlung einzufordern und sich in Unrecht einzumischen. Deswegen lohnt es sich, das Kind darin zu bestärken, nicht nachzugeben.
  Ein Kind, das zu Gehorsam und Unterordnung erzogen wurde, ist nicht in der Lage, seine Rechte zu verteidigen. Selbstverteidigung braucht man aber in Situationen, in denen man bedroht oder verbal beschimpft wird. Dann sollte man sich verteidigen können, und zwar in angemessener, aber trotzdem effektiver Art und Weise.
  Von besonderer Wichtigkeit ist die Fähigkeit, sich achtungsvoll mit nahestehenden und lieben Menschen zu streiten. Die Beziehung zu wichtigen Menschen sollte gestärkt und nicht verdorben werden. Deswegen ist es wichtig, konstruktives Streiten und Aggressionskontrolle zu lehren und zu lernen.

- **Für normale Umgangsformen:** In der Schule, beim Studium und auf der Arbeit trifft man die unterschiedlichsten Menschen, die ganz verschiedene Gefühle in uns wecken, positive und auch negative. Worte und Taten des anderen können uns ärgern. Aber man kann nicht alle Gefühle unmittelbar zeigen. Gesetz und Umgangsformen definieren, was erlaubt ist. Die eigenen Gefühle und das eigene Verhalten sollte man steuern können.
  Zu Hause kann man sich freier bewegen, dort sind die Menschen, die uns besonders nahestehen. Aber auch dann sollte man respektvoll miteinander umgehen, auch im Streit.
  Jeder hat das Recht, über seine Gefühle zu sprechen. Aber einen anderen zu beleidigen ist nicht okay, das bereut man hinterher. Seien Sie Ihrem Kind beim Ausdruck Ihrer Gefühle ein gutes Vorbild als Zuhörer und als Verhandler.

- **Für die Wahrnehmung und Akzeptanz von Gefühlen:** Ist man verärgert, wächst die Wut. Das kann leicht zu schädlichen Taten führen, manchmal auch gegenüber einem wichtigen Menschen. Schädlich sind auch verletzende Worte.
  Sich seinem eigenen Ärger entgegenzustellen bedeutet, nicht schädlich zu handeln, obwohl man vielleicht will. Dazu bedarf es sowohl der Weisheit als auch der Kraft der Aggression. Man kann Gefühle als natürliche Ereignisse begreifen und sie gleichzeitig mithilfe der Willenskraft lenken.
  Werden unser Geist und Körper von einem starken Gefühl überrollt und die Ärgerkette in uns in Gang gesetzt, kann man darauf auf vielerlei Arten einwirken. Gewinnt man Abstand zu seinen Gefühlen, wird man leichter daran denken, seinen Verstand zu benutzen und sich an seinen Entschluss, andere nicht zu verletzen, zu halten.
  Es kann schon helfen und beruhigen, das Gefühl zu erkennen, zu betrachten und zu benennen. Der Verstand erhält die Möglichkeit, die Zügel wieder in die Hand zu nehmen. Nehmen Sie eine Auszeit und konzentrieren Sie sich für einen Moment auf etwas völlig anderes. Ruft man sich ins Gedächtnis, dass das Gefühl vorüber-

geht, kann man es eine Zeit lang besser ertragen und das Gefühl ebbt ab.

- **Für einen konstruktiven, angemessenen Streit:** Auch wenn man mit jemandem anderer Meinung ist, sollte man sich immer angemessen verhalten. Seine Meinung kann man klar und mutig sagen, ohne Streit und Ärger unnütz herauszufordern. Es ist leichter, sich mit einem anderen Menschen auseinanderzusetzen, wenn sich auch dieser nicht mitten in einem Gefühlsaufruhr befindet.
  Man sollte sich bemühen, zu einem zuhörenden Streitvermittler zu werden. Seien Sie nicht zu leicht verletzt. Aber geben Sie auch nicht auf, wenn Sie sich Ihrer Sache sicher sind. Es ist leichter, über Dinge zu sprechen und sich zu einigen, wenn alle sachlich bleiben. Dann ist es möglich, die Gesamtsituation und die Gründe für die Ereignisse zu sehen.

- **Für die Weigerung:** Es bedarf einer Menge Mut, Entschlossenheit und Selbstsicherheit, dann »Nein« zu sagen, wenn es angebracht ist.

Was beherrschen Sie schon?

Wie werden schwierige Gefühle wie beispielsweise Wut beherrscht? Wie viele Mittel und Wege kennen und beherrschen Sie? Wie bekämpfen Sie aufschäumenden Zorn am besten? Schreiben Sie alles auf, was Ihnen einfällt, das Ihnen bei einem Gefühlsaufruhr hilft.

....

....

....

....

....

....

....

....

....

....

....

....

....

Man sollte viele verschiedene Methoden der Ärgerbewältigung erlernen. Am schwierigsten ist es, sich zu erinnern, wenn man sich mitten in einem Gefühlsaufruhr befindet. Dann tritt vernünftiges Denken in den Hintergrund. Deswegen ist es ratsam, zu lernen, wie man sich an gute Methoden erinnern kann, schnell und schon bevor die Gefühle überhandnehmen. Ist das Gefühl schon über die Ufer getreten, ist es am wichtigsten zu begreifen, dass man von seinen Gefühlen beherrscht wird, und dann eine Pause einzulegen – und sich eine Auszeit zu nehmen. Das Gefühl verschwindet früher oder später auch von allein.

EMOTIONALE FÄHIGKEITEN IN KLEINEN SCHRITTEN

Die Fähigkeit, seine Gefühle kontrollieren zu können, hilft, im Leben zu bestehen. Mitunter kann es auch Leben retten.

Unter dem Einfluss eines starken Gefühls kann keiner richtig und besonnen handeln. Gefühl und Verstand agieren getrennt voneinander, mitunter auch nacheinander. Eines von beiden hat die Oberhand, auch wenn man es oft erst im Nachhinein erkennt.

Viele haben sicher schon einmal erlebt, dass man leicht Fehler macht, wenn man sich wütend hinters Steuer setzt. Man übersieht den Zebrastreifen, vergisst an der Kreuzung Vorfahrt zu gewähren, fährt über Rot oder zu schnell. Das ist gefährlich. Besonders Dinge, die Genauigkeit erfordern, wie zum Beispiel das Autofahren, fallen einem schwerer.

Im Zustand der Wut begreift der Mensch oft nicht, dass er unvernünftig handelt. Erst wenn ein Fehler passiert ist, wundert man sich über das eigene Verhalten. Vielleicht begreift man, dass man zornig und wütend ist. Dann handelt jeder unüberlegt und dumm.

Starke Gefühle sollte man versuchen zu kontrollieren und zu besänftigen. Dann richtet man weniger Schaden bei sich und anderen an. Das Leben ist einfacher, es schenkt mehr Freude und Zufriedenheit und es gibt weniger Streit. Man macht weniger Fehler.

Ist das Kind wütend und hat vielleicht Schaden angerichtet, dann gehen Sie mit ihm hinterher in Ruhe durch, was eigentlich passiert ist. Aber erst, wenn es sich gänzlich beruhigt hat und Sie beide in guter Stimmung sind. Sprechen Sie freundlich, nicht anklagend, eher verwundert fragend. Suchen Sie gemeinsam nach dem Grund, der dem Gefühl vorausging. So werden Sie beide sich besser fühlen und das Kind gewinnt an Selbstkenntnis.

- Was hast du gefühlt, bevor du es getan hast?
- Woher kam das Gefühl und wodurch wurde es ausgelöst?
- Kannst du sagen, was du gefühlt oder gewollt hast, bevor du wütend geworden bist?
- Was hat das Gefühl mit dir gemacht? Hat es dich angestachelt, das zu tun? Was ist dann passiert?
- Was hat dir früher geholfen, dich zu beruhigen, wenn du wütend warst?
- Kannst du mit eigenen Worten erzählen, was dich vor der Tat wütend gemacht hat, was du gefühlt oder erlebt hast?
- Was könntest du das nächste Mal tun, anstatt zu schlagen und zu zerstören?
- Was kannst du noch tun, um mit einem schwierigen Gefühl fertigzuwerden? Vielleicht malen? Oder hüpfen?

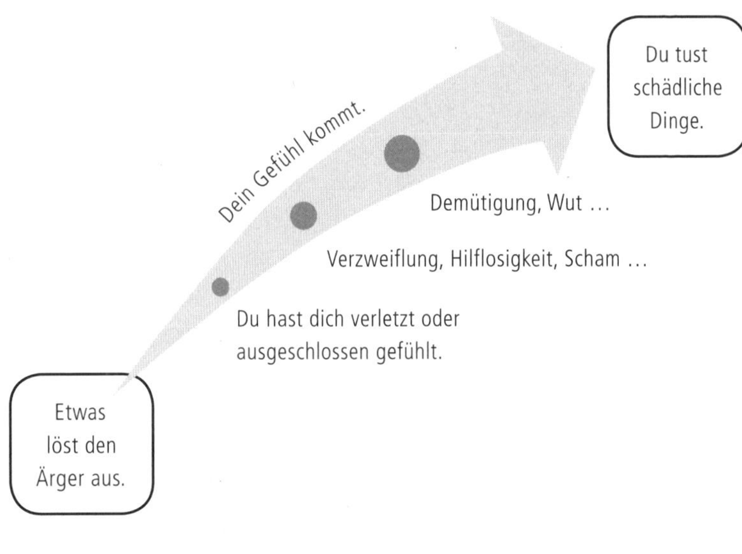

Seine Gefühle zu kontrollieren ist für Kinder und junge Menschen viel schwieriger als für Erwachsene. Kinder trainieren diese Fähigkeiten erst und wissen noch nicht, dass Gefühle von allein vergehen und ihnen geholfen werden kann, sie zu kontrollieren. Aufgrund des langsamen und komplizierten Reifeprozesses des Gehirns können sie immer nur bestimmte Dinge auf der jeweiligen Entwicklungsstufe lernen. Deswegen geschieht das Erlernen der emotionalen Fähigkeiten in Kindheit und Jugend nur schrittweise.

Zuerst lernen sie, Gefühle wahrzunehmen und zu erkennen. Dann werden die Gefühle benannt. Am Anfang passieren viele Fehler und Irrtümer, schließlich ist die Aufgabe schwer. Der eine lernt schneller, ein anderer braucht viel Übung und Hilfe. Aber jeder kann für ihn geeignete Methoden erlernen, um seine Wut zu steuern.

Kinder orientieren sich am Verhalten ihrer Eltern. Daher ist es wichtig, dass Eltern ein konstruktives Wutmanagement vorleben. Auch eine schlechte oder schädliche Methode überträgt sich auf das Kind. Diese sollte jedoch nicht an das Kind weitergegeben werden. Wenn Sie neue und bessere Wege erlernen, dann wird das auch Ihr Kind mit der Zeit tun.

Wutkompetenz ist Lebenskompetenz und eine wirklich wichtige Fähigkeit.

PFAD DES EMOTIONALEN LERNENS

Die Gefühlskontrolle erfordert viele Schritte. Zuerst lernt das Kind, seine Gefühle und die Gefühle anderer Menschen zu erkennen. Dann muss es sie verstehen und ihnen Namen wie Ärger, Zorn, Enttäuschung, Trauer geben. Sonst bleibt das Gefühl eine unbekannte Kraft, die uns zwingt, Dinge zu tun. So lernt das Kind zu verstehen, wie das Gefühl auf seine Gedanken und seinen Körper wirkt. Jedem von uns kommen mitunter Gedanken, die uns zur Weißglut treiben, sodass wir die Hände zu Fäusten ballen.

Eine Gefühlswelle ist eine Kette von Ereignissen, die an sich vernünftig ist und keineswegs überraschend aus dem Nichts entsteht oder uns von außen überrascht. Eine Gefühlswelle kann man vor, während und nach ihrem Entstehen erkennen. Wenn man begreift, dass man sich in einem emotionalen Zustand befindet, dann kann man es besser im Geiste formulieren.

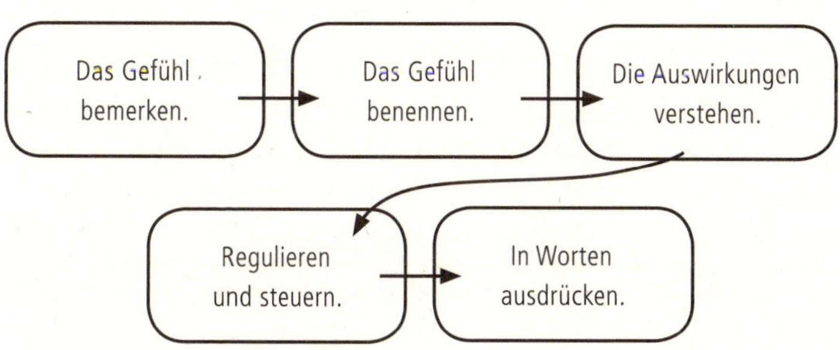

Noch besser ist allerdings, es laut auszusprechen. So kann man lernen vorauszusehen, wie eine Gefühlswelle in einem wirkt und welche Auswirkungen sie auf den Körper und die Gedanken hat. Das gibt uns die Möglichkeit, einzugreifen und das Gefühl zu steuern. Oft ist das erste Mittel, von der Tat zum Wort zu schreiten, ein wütender Ausruf (oder ein Flüstern): »Ich bin sauer!« Das Gefühl zu benennen ist schon eine tolle Fähigkeit – ein erster Sieg! Gestatten Sie Ihrem Kind diesen Ausruf, auch wenn es zunächst nach einer Provokation oder Drohung klingen mag. Sie sollten ihm sogar dafür danken.

So kann es lernen, seine Gefühle konstruktiver auszudrücken und sie so zu lenken, dass die Gefühle ruhiger werden. Wenn man über seine Gefühle sprechen kann, ohne andere zu verletzen, hat man in seinen emotionalen Fähigkeiten erneut einen merklichen Schritt nach vorn getan. Ziel ist es, negative Gefühle zu bewältigen, ohne sie zu unterdrücken. Dann hält man auch ein starkes Gefühl aus, kann sich selbst beruhigen und sogar schwierige Gefühle in eine konstruktive Kraft, gute Taten und positive Worte überführen.

Ist man mit dem Mechanismus einer Gefühlswelle vertraut, kann man die dem Gefühl zugrundeliegenden Gedanken und Bedürfnisse spezifizieren. Das ist der Schlüssel zu einer tieferen Selbsterkenntnis und Gefühlskontrolle.

Die Kunst, auf förderliche Art und Weise seine Gefühle auszudrücken, die eigene Meinung zu vertreten und zu verteidigen, beherrschen selbst unter den Erwachsenen nur wenige. Das bedeutet, auf respektvolle Art miteinander über eigene Erlebnisse zu sprechen, z. B. über das eigene Verletztsein, ohne dabei sein Gegenüber anzugreifen. Die Rede ist von der Fähigkeit, sich konstruktiv zu streiten. Dabei wird nicht geschubst und nicht geflucht, sondern klar, höflich und fair, oft sogar verständnisvoll, geredet. Es geht nicht darum, jemanden zu verurteilen, sondern gemeinsam zu einer Lösung zu kommen. Das erfordert die Einsicht, dass wir alle nur Menschen sind, die von Zeit zu

Zeit mit manchen Gefühlen nicht so gut klarkommen. Jeder hat das Recht, so zu fühlen, wie er gerade fühlt.

Der Verlauf eines Streits hängt immer auch von den anderen ab. Selbst wenn man sich noch so sehr um Sachlichkeit bemüht, die anderen tun es vielleicht nicht. Aber das schlechte Verhalten der anderen entbindet uns nicht von unserer Verantwortung, unsere Gefühle und unser Verhalten zu beherrschen und zu steuern.

Drücken Sie Ihren Ärger konstruktiv aus

Sind Sie in der Lage, beispielsweise einem Kollegen oder einer Kollegin zu sagen, dass Sie seine/ihre Taten nicht hinnehmen werden und total wütend sind? Stellen Sie sich vor, jemand hat während Ihrer Abwesenheit Ihren Schreibtisch verschoben. Was könnten Sie sagen, ohne Ihr Gegenüber zu verärgern oder zu verletzen? Wie teilen Sie ihm fair mit, dass das so nicht geht, dass Sie wütend sind und sich übergangen fühlen? Schreiben Sie drei verschiedene Antworten hier auf:

....

....

....

....

....

....

....

....

....

....

Vergleichen Sie Ihre Antworten mit dem MAFÜWILO-Modell auf der nachfolgenden Seite. Wie haben Sie Ihrer Meinung nach abgeschnitten? Was würden Sie ändern?

MAFÜWILO – MODELL DER KONSTRUKTIVEN GRENZZIEHUNG

Es ist wichtig, die eigenen Gefühle zu zeigen. Aber man sollte es korrekt tun. Wie lassen sich Zorn, Wut und »Das geht so nicht!« in eine Botschaft packen, die angemessen ist und nicht verletzt?

Prägen Sie sich folgende vier Fragen ein:
1. Was **ma**cht mich wütend?
2. Was **fü**hle ich dabei?
3. Was **wi**ll ich?
4. Warum **lo**hnt es sich?

Mithilfe dieser Erinnerungsstütze können Sie selbst ein energisches »Nein« formulieren, ohne Ihr Gegenüber zu verärgern. Sie werden sich sachlich mit ihm streiten und ihm ebenfalls die Möglichkeit geben, ruhig zu bleiben und die Angelegenheit mit Ihnen zu regeln.

1. Beschreiben Sie, was Sie verärgert hat.
Sprechen Sie ohne Umschweife, ohne zu lächeln oder die Stimme zu erheben. Das ist die Sache, wegen der wir uns streiten. Reden Sie von der Handlung, nicht vom Menschen. Zum Beispiel so:
»Als du vom Tisch aufgestanden bist, hast du das Buttermesser auf dem Tisch liegen lassen. Das ist gefährlich, weil deine kleineren Geschwister es so in die Hände bekommen können.«

2. Beschreiben Sie, wie Sie sich fühlen.
Sprechen Sie nur von sich. Vergessen Sie das Wort du. Sprechen Sie Ihre Gefühle direkt aus:
»Ich bin verärgert. Ich habe darüber schon oft gesprochen. Ich finde das sehr ärgerlich.«

3. Sagen Sie direkt, was Sie vom anderen erwarten.
Schlagen Sie etwas vor, wie man in Zukunft handeln sollte.
»Ich möchte, dass du die Messer nach dem Essen dahin legst, wo die Kleinen nicht danach greifen können.«

4. Teilen Sie mit, warum es sich lohnt zusammenzuarbeiten.
»Das ist sicherer für die Kleinen. Ich muss nicht die ganze Zeit aufpassen und brauche dich nicht mehr jedes Mal daran zu erinnern.«

Der erste Punkt ist der Beginn einer konstruktiven Auseinandersetzung. Der zweite Punkt ist das Mitteilen der Gefühle. Der dritte Punkt ist schon in die Zukunft gerichtet und schlägt eine konstruktive Lösung vor. Und im vierten Punkt führen Sie aus, dass die von Ihnen vorgeschlagene Lösung für alle das Beste ist, sodass es einfach ist, darauf zu antworten: »Du hast recht, es tut mir leid, ich versuche beim nächsten Mal daran zu denken.«

WAS **MA**CHT DICH WÜTEND?
WAS **FÜ**HLST DU DABEI?
WAS **WI**LLST DU?
WARUM **LO**HNT ES SICH?

So wird niemand ausgeschimpft und es muss auch keiner dagegen argumentieren. Der Sachverhalt ist einfach und ungezwungen.

Wie wandeln Sie ein Gefühl ins Positive um?

Stellen Sie sich vor, Ihnen passiert etwas Unangenehmes und es ist allein Ihre Schuld. Vielleicht fällt Ihnen in der Eile eine teure Vase herunter und zerspringt in tausend Teile. Sie haben sowieso nicht viel Zeit und die geht jetzt auch noch zum Scherbenaufkehren drauf. Die Vase war nicht nur kostbar, sondern auch eine wertvolle Erinnerung. Dann bricht über Ihnen vielleicht eine Welle aus Ärger und Bedauern, aber auch aus Vorwürfen und Schuldgefühlen herein. Suchen Sie dann die Schuld für das Missgeschick bei den Umständen oder bei anderen Menschen? Oder beschimpfen und tadeln Sie sich selbst? Beides nützt nichts, sondern schadet eher. Schreiben Sie unten auf die Seite Sätze, mit denen Sie Ihre Gedanken, Ihre Perspektive und Ihre Gefühle in eine positivere Richtung lenken können.

....

....

....

....

....

....

....

....

....

Welches Mittel Ihnen auch immer hilft, die Situation in einem klein wenig positiveren Licht zu betrachten, ist gut. Gedanken formen unsere Gefühle. Sie könnten beispielsweise feststellen: Na, jetzt habe ich zumindest keine Sorge, womit ich meine Zeit fülle! Gut, dann ist hier wenigstens einmal gründlich staubgesaugt worden. Unterschiedliche Sichtweisen und Gedanken helfen in verschiedener Art und Weise. Indem Sie automatisch aufkommende negative Gedanken nicht verstärken und positive Gedanken und Gefühle bewusst suchen und verstärken, vermehren Sie Ihre Lebenskompetenz und Ihr Wohlbefinden. Modelle für positive Gedanken und Nachsicht gegenüber Enttäuschungen finden Sie beispielsweise auf den Seiten 177–178, 195–196 und 213–214.

WANN UND WIE SPRECHEN SIE GEGENÜBER KINDERN UND JUGENDLICHEN ÜBER GEFÜHLE?

Über Gefühle sollte dann gesprochen werden, wenn sich das Kind vollständig beruhigt hat. Das heißt, wenn es geruht und gegessen, etwas getrunken und von etwas anderem geredet hat. Wenn Sie zu dem Kind sprechen, denken Sie immer daran, dass ein Gefühl an sich nie falsch oder schlecht ist. Ein Gefühl ist an Instinkte gekoppelt und alle Gefühle sind erlaubt.

Kinder und Jugendliche reden nicht gern über ihr schlechtes Verhalten. Statt über Fehlverhalten ist es besser, über die Gefühle, Gedanken und Bedürfnisse zu sprechen, die dazu geführt haben. Sprechen Sie vorrangig über die Fragen am Anfang des Faktenkastens *Emotionale Kompetenz vermitteln* (Seite 63). Interessieren Sie sich dafür, welche Gedanken und Bedürfnisse Ihr Kind kurz vor dem Wutanfall hatte. Bieten Sie verschiedene Interpretationen an und formulieren Sie diese in klaren Worten. Wundern Sie sich und raten Sie. So versteht das Kind, dass Sie es verstehen und nicht tadeln oder verurteilen wollen. Dann fällt es ihm leichter, seine wahren Gefühle zu beschreiben.

Interpretieren Sie die verwirrte Gefühlslage, die zu dem Wutanfall geführt hat. Suchen Sie nach Sinn und Verstand. Hat sich das Kind vielleicht ausgeschlossen oder verletzt gefühlt, unmittelbar bevor der Zorn in ihm wuchs? Waren vielleicht Neid oder Sorge der Grund? Welche Gedanken hatte es kurz vor dem Wutausbruch? Diese ursprünglichen Bedürfnisse können häufig gut verstanden und akzeptiert werden.

Zum Beispiel, warum ein Kind so verärgert war, dass es sein Geschwisterchen geschlagen hat. War es ein Gefühl der Einsamkeit, als sich das Geschwisterchen abwendete, oder hat dieses etwas Verletzendes gesagt? Oder war ein Gefühl von Ungerechtigkeit aufgekommen, als das Geschwisterchen Beifall erhielt und das Kind selbst leer ausging?

Wenn die Handlung eines Kindes von einem starken Gefühl beherrscht war, versteht es oft selbst nicht, was vorgefallen ist. Das Kind kann dann weder begreifen noch erklären, warum es etwas getan hat. Seiner Empfindung nach hat es einfach so geschlagen, ohne es erklären zu können. Daher ist es oft unnütz, eine Erklärung einzufordern für das, was passiert ist und warum. Das Kind oder der Jugendliche können keine Antwort darauf geben, egal wie sehr sie es wollen.

Überlegen Sie mögliche Gründe aus Sicht des Kindes und mit dem Kind gemeinsam. Überlegen Sie laut. So lernt das Kind eines Tages selbst über seine Erfahrungen zu sprechen. Letztendlich kann nur das Kind die echte Wahrheit über sich wissen. Nur es allein kennt die Gründe für seine Gefühle. Deswegen kommt es darauf an, erst einmal zu raten und laut nachzudenken und nicht sofort die Wahrheit aus Sicht des Erwachsenen zu verkünden.

Eine normale Diskussion über einen Streit unter Geschwistern verläuft beispielsweise so: »Warum hast du zugeschlagen?« – »Weil er/sie mich geärgert hat.« – »Trotzdem darfst du nicht schlagen.«

In diesem Beispiel wurde über Gefühle kein Wort gesagt. In Wahrheit hat irgendetwas in dem Kind eine schwierige Gefühlslage ausgelöst. Dann sind die Gefühle überraschend explodiert. Anfangs handelte es sich vielleicht um verletzende Worte, eine Geste oder einen Gesichtsausdruck, die im Kind das Gefühl von Scham und Ablehnung auslösten, das dann wiederum das Bedürfnis zu schlagen nach sich zog.

Fragen Sie das Kind, wo in seinem Körper es das Gefühl spürt und wie es sich dort anfühlt oder welche Gedanken es in ihm weckt. Bringt es das Herz zum Pochen oder schnürt es ihm den Hals zu?

Richtige Antworten gibt es nicht, das Wichtigste ist, die Aufmerksamkeit des Kindes auf das Entstehen der Gefühle und ihren Sinn zu lenken.

Überlegen Sie gemeinsam Dinge und Taten, die erlaubt sind, wenn das unangenehme Gefühl über das Kind hereinbricht, so wie im Ampelmodell auf den Seiten 32–33 beschrieben.

Das Gefühl ist erlaubt, aber die Handlungen müssen kontrolliert werden. Lassen Sie das Kind nachdenken und selbst erzählen, was es glaubt, wie es sich beruhigen kann, wenn es das nächste Mal wütend ist. Helfen Sie dem Kind, genau diese Methoden auszuprobieren und zu erinnern. Dann kann es etwas Ungefährliches tun, wie etwa hüpfen oder schreien. Ist das nicht möglich, dann kann man zumindest die Atmung verlangsamen und bei jedem Einatmen die Luft drei Sekunden anhalten. Während es seinen Atem verlangsamt, kann das Kind die Hände auf den Bauch halten und die Atembewegungen erspüren. Eine Auszeit und der eigene Körper helfen dabei, das Gefühl zu ertragen, abzuschwächen, umzulenken und zu steuern.

Sprechen Sie zudem darüber, dass selbst das stärkste Gefühl irgendwann von allein vorbeigeht, wenn man nur wartet. Gedanken, die Wut erzeugen, muss man nur unnachgiebig beiseiteschieben und warten.

DAS BEISPIEL VON DER GEFUNDENEN MÜNZE

Gefühle entstehen individuell. Manchmal liegen ihnen recht überraschende Gedanken zugrunde, wie zum Beispiel: »Meine Schwester hat auf der Straße eine Münze gefunden und ich nicht. Das ist unfair. Meine Schwester hat in allem immer mehr Glück als ich.« Das Gespräch und das gemeinsame Nachdenken sind wichtiger als das Ergebnis. Seien Sie Vorbild: Über Gefühle kann man sprechen. Verhalten und Gefühl kann man verstehen und sich darüber wundern. Vermeiden Sie unbedingt zu urteilen, wenn ein Kind zu Ihnen von seinen Gedanken spricht.

Vermeiden Sie ebenfalls, die Sache zu übergehen, indem Sie das Kind verurteilen: »Du bist schon groß, das war falsch.« Aus einem Urteil lernen Kinder nicht. Wenn ein Kind sich nicht benehmen kann, dann muss ihm das beigebracht werden.

Zeigen Sie ihm ein Verhaltensmuster, bei dem man über seine Gefühle sprechen kann. Seine Handlungen und seine Gefühle kann man verstehen und darüber staunen. Ein Erwachsener bringt ihm bei, den Einfluss seiner Gefühle zu verstehen und sich richtig zu verhalten.

Beenden Sie alle Unterredungen mit dem Kind über Widrigkeiten mit einer Umarmung und sagen Sie ihm, dass Sie es lieb haben. Auch positive Vorhersagen ermutigen und helfen: »Seine Gefühle zu kontrollieren erfordert viel Übung. Du lernst es ganz bestimmt. Ich helfe dir.«

Erwachsene stellen sich oft vor, wie die Dinge abgelaufen sind, und wollen dann ihr Kind dazu bringen, zuzugeben, dass es genauso war, wie der Erwachsene vermutet. Das führt dann zu endlosen Diskussionen, Tränen und Streit, und zum Schluss haben alle schlechte Laune.

Dabei interpretieren Erwachsene die Vorfälle häufig falsch. Sie schützen ihre Autorität, indem sie sich weigern, dem Kind zuzuhören. Das funktioniert in der Regel schlecht: Kinder fangen an, sich vor dem Erwachsenen zu fürchten und in Acht zu nehmen. Fragt man das Kind nicht nach seinem Standpunkt, empfindet es die Schlussfolgerungen als ungerecht, verletzend und unangemessen. Der Erwachsene wird als Bedrohung empfunden, vor dem man jedes Mal zusammenzuckt und den man möglichst selten um Hilfe fragt, falls überhaupt. Das ist die vorherrschende Situation in vielen Familien. Harte, strenge und zerstörerische Arten zu urteilen sollten ganz schnell abgestellt und es sollte damit begonnen werden, zu lernen, dem Kind zuzuhören und es in seiner emotionalen Entwicklung zu unterstützen. Kinder sind nicht böse und brauchen keine Strafen, selbst wenn sie zumachen, Fragen stellen oder streiten. Stattdessen sollte man ihr Lernbedürfnis und ihr Naturell sehen, ihnen helfen und sie so akzeptieren, wie sie sind.

Wenn das Kind aus unserem Beispiel seinem Geschwister die Münze aus der Hand reißt, behaupten Eltern leicht, dass es dies aus Neid und Habgier getan hat. Das Kind wird aber vermutlich völlig anders darüber denken. Vielleicht hat es vorher gehört, dass sie nicht auf den Jahrmarkt gehen, weil es zu viel kostet. Als das Geschwister die Münze fand, hat es vielleicht gedacht, jetzt kann das Kind zum Jahrmarkt gehen, es selbst aber nicht. Und nun müsste es allein zu Hause bleiben, während das Geschwisterkind Spaß hat. Das ist ein furchtbarer Gedanke. Daraus erwächst das Gefühl von Verlassenheit und Ungerechtigkeit. Und diese wiederum verursachen Panik und bringen das Kind dazu, zum Angriff überzugehen.

Das Kind wird seine elementaren Gedanken kaum mitteilen und nicht sagen können, worum es eigentlich ging, als es so handelte, wie es handelte. Sie sollten jedoch keineswegs glauben, es zu wissen, den Vorfall herunterspielen oder das Kind entmutigen, indem Sie es einen Lügner oder böse nennen. Stattdessen sollten Sie fragen, zuhören und mutmaßen. Hören Sie auf Ihr Kind und glauben Sie ihm. Geben Sie ihm Raum und erlauben Sie ihm zu sagen, wie es den Vorfall sieht und erlebt hat. Argumentieren Sie nicht dagegen, sondern lassen Sie das Kind möglichst frei sprechen.

Das Kind wählt eigene Worte und versteht die Dinge auf seine Weise. Hören Sie die Sicht des Kindes heraus. Indem man mit dem Kind von Dingen spricht, über die es sich geärgert hat oder vor denen es sich fürchtet, hilft man ihm zu lernen, seine Gefühle zu beschreiben. Das ist eine wichtige Fähigkeit für die Zukunft. Geben Sie dem Kind Zeit zu reden, ohne Eile.

Nach einem Streit ist ein guter Zeitpunkt, mit dem Kind ein klärendes Gespräch zu suchen. Das ist als Konsequenz oft schon genug. Wenn jeder seinen Standpunkt, seine Gedanken und seine Gefühle in Bezug auf das Geschehene darlegen kann, dann lernt das Kind, dass man selbst nicht immer alles bemerkt. Auch andere haben ihre Gefühle und Erfahrungen, die sich von den eigenen unterscheiden können. Jedes Kind hat das Recht, gehört zu werden. Erwachsene sind keine Richter, die entscheiden, wem sie glauben und wem nicht. Erwachsene hören zu, trösten, verstehen alle Seiten und begründen, warum man niemanden schlagen, ärgern oder schubsen darf. So erlernen Kinder Verhandlungsfähigkeiten und Verhaltensmuster, um einen Streit zu schlichten. Falls es weiterer Konsequenzen bedarf, dann verkünden Sie diese möglichst gerecht und ruhig.

Die beste Lehre für ein Kind sind die Reaktion und das Verhalten der Eltern in Momenten, wenn sie oder das Kind etwas Ärgerliches verarbeiten müssen. Lassen Sie das Schreien, wenn Fehler oder Schäden passieren. Damit machen Sie dem Kind nur Angst. Emotionale Sprache sollten Erwachsene natürlich auch selbst erlernen. Mit einem Erwachsenen zu sprechen hilft dem Kind, die notwendigen Wörter zu erlernen. Zeigen Sie dem Kind, dass Sie in der Lage sind, über Vorfälle zu reden, ohne sich aufzuregen oder zu urteilen. Wenn das Kind merkt, dass Sie betrübt werden oder es beschuldigen, wird es sich nicht mehr trauen, zu Ihnen zu sprechen, und muss die Sache mit sich allein ausmachen. Nicht nur in diesem Fall, sondern auch in Zukunft.

Wenn der Schaden schon passiert ist, hilft es auch nicht mehr, das Kind auszuschimpfen und zu beschuldigen. Verbote und Grenzen sind allerdings notwendig. Einen Schaden muss man ausbügeln können; mit Entschuldigung und Wiedergutmachungshandlungen ist die Angelegenheit erledigt und wird später auch nicht mehr aufgegriffen. Ein Erwachsener, der dem Kind zur Seite steht, hilft ihm weiterzumachen, ohne dass sein Selbstgefühl Schaden nimmt.

- Vergessen Sie alle Muster, die Kinder bei Streitigkeiten zu Gewalt anstacheln, wie »man muss immer zurückschlagen« oder »härter zurückschlagen«.
- Verhindern Sie, dass die Kinder sich gegenseitig wehtun. Erziehen Sie, ohne wehzutun, Angst einzujagen, zu demütigen oder zu verletzen.
- Vergessen Sie den Gedanken, dass Kinder ihre Streitigkeiten immer untereinander klären sollten. Überlässt man es den Kindern, sich gegenseitig zu erziehen, findet sich oft ein stärkerer Bestimmer, der Kleinere unterordnet.
- Ein Kampf zwischen Geschwistern ist die häufigste Form von Gewalt innerhalb der Familie. Häufig begegnet man der Ansicht, dass eine Rauferei »nur« ein Zank unter Geschwistern ist und dazugehört. Doch manchmal wird dabei großer Schaden angerichtet.
- Gewalt ist eine primitive Art, seine Rechte zu verteidigen. Deswegen sollten Eltern ihre Kinder gewaltfrei erziehen.
- Ein wütendes Kind empfindet, dass seine Rechte verletzt worden sind. Viele Kinder und junge Menschen handeln im Aufruhr der Gefühle unmittelbar. Im Zorn sehen sie die Situation nicht im Weitwinkel, sondern denken, auch Gewalt sei eine berechtigte Gegenwehr.
- Sprechen Sie mit Ihrem Kind darüber, was alles zu Gewalt zählt und verboten ist. So kann es Ihnen mitteilen, wenn es Gewalt erlebt oder gesehen hat. Wenn Sie unangemessenen Streit oder eine Prügelei unter Kindern wahrnehmen, greifen Sie energisch ein.
- Erkennen Sie an, dass Gefühle wie Neid, Eifersucht, Rache oder der Wunsch nach Macht ganz normal für Kinder sind. Man muss lernen, damit klarzukommen. Gefühlsstürme, Niedergeschlagenheit und Euphorie gibt es bei einem Heranwachsenden zur Genüge. Und das hat auch seinen Sinn, denn nur so erlernt man Selbstkontrolle, Flexibilität, Umgang mit Enttäuschungen und Aggressionsbewältigung.

- Bringen Sie Ihrem Kind bei, wie man anderen zuhört, verschiedene Sichtweisen akzeptiert und sich mit anderen auseinandersetzt. Auch wenn die eigene Meinung die einzig richtige zu sein scheint, anerkennen, hören und würdigen Sie, dass der andere vielleicht ganz anders fühlt.

Wie sprechen Sie über Gefühle?

Überlegen Sie sich Sätze, die Sie verwenden könnten, wenn Sie zu Ihrem Kind über Gefühle sprechen. Welche Fragen könnten Sie stellen, sodass Sie nicht verurteilend, sondern neugierig klingen? In jeder Familie gibt es Menschen verschiedenen Alters und unterschiedlichen Naturells sowie jede Menge individueller verbaler Äußerungen. Stellen Sie sich eine beliebige Situation vor, beispielsweise, dass ein Fenster zu Bruch geht. Wie fragen Sie das Kind danach, sodass es sich auch traut zu berichten, was vorgefallen ist? Wie können Sie gemeinsam nach einem Mittel suchen, um den Schaden wiedergutzumachen? Wie bringen Sie zum Ausdruck, dass die Angelegenheit damit erledigt und vergessen ist? Was wäre ein passendes Schlusswort für alle?

....

....

....

....

....

....

....

....

....

....

SO VERHALTEN SIE SICH WIE EIN ERWACHSENER

Kochen die Gefühle von Kindern und Jugendlichen hoch, tut der Erwachsene gut daran, eine Vielzahl von Mitteln zu erlernen, um sinnlosen Zusammenstößen vorzubeugen. Wählen Sie aus diesem Kapitel die Methoden, die Ihnen am besten helfen. Große Gefühle können in den unterschiedlichsten Situationen entstehen. Menschen werden aus den verschiedensten Gründen wütend und das Alter hat auf die Gründe einen ganz entscheidenden Einfluss. Ein kleines Kind wird zornig, wenn es übergangen wird, ein Jugendlicher, wenn man ihn ausfragt.

Auch Müdigkeit, Hunger, Stress und viele andere Dinge verstärken Gereiztheit. Manchmal ist es nur eine Kleinigkeit, wie ein rowdyhaftes Verhalten im Straßenverkehr, das uns auf die Palme bringt. Und manchmal sind wir in der Lage, auch eine große Ungerechtigkeit mit Gleichmut zu ertragen. Verliebte haben besonders starke Nerven. Normalerweise erträgt man schlechtes Verhalten auf der Arbeit wesentlich leichter als zu Hause. Abends, im Kreis der Familie, nach einem Arbeitstag steigt der Ärger schneller hoch.

Die gleiche Sache kann mal ein kleines Gefühl und ein anderes Mal ein heftiges Gefühl hervorbringen. Das Gefühl sagt nichts darüber aus, was in einer Situation eine angemessene Reaktion ist. So tut man oft Dinge, die man hinterher bereut. Aus diesem Grund lohnt es sich, mit den eigenen Gefühlen vorsichtig umzugehen und möglichst zu versuchen, vernünftig abzuschätzen, wie man auf ein bestimmtes Gefühl reagieren sollte.

Vernunft ist notwendig, um abwägen und entscheiden zu können, wie man mit seinen Gefühlen umgehen sollte. In menschlichen Beziehungen gibt es strenge Verhaltensregeln und Gesetze, die auch mitten in einem Gefühlsaufruhr befolgt werden müssen. Gute Umgangsformen müssen vor allem dann eingehalten werden, wenn keiner uns beobachtet. Damit gemeint ist das Zuhause und Situationen im Kreis seiner Nächsten und Kinder.

Enge menschliche Beziehungen sind aber auch genau die Umgebung, in der Gefühle besonders leicht überkochen. Familie, Eltern, Partnerschaft wecken sowohl liebevolle als auch zornige Gefühle. Das ist normal und natürlich. Gerade diese Beziehungen sollten geschützt werden, indem man den festen Entschluss fasst, sich nicht zu verletzen und auch keinen Schaden zuzufügen. Damit stehen Ziel und Richtung schon mal fest. Kommen Sie vom Weg ab, bitten Sie überschwänglich um Entschuldigung.

- Kindern und Jugendlichen geht es in jeder Hinsicht besser, wenn sie Eltern haben, die sich für sie interessieren und gut miteinander umgehen.
- Eine konstruktive Art, Dinge zu klären, ist ein gutes Vorbild für Kinder. Dann brauchen sie den Streit zwischen Erwachsenen nicht zu fürchten.
- Heftige Streitereien und gewalttätige Auseinandersetzungen schaden dem Kind und Jugendlichen. Solchen Kindern geht es schlechter und sie haben ein höheres Risiko, in ihrem Leben selbst Gewalt zu erleben – sowohl als Opfer als auch als Täter.
- Die Fähigkeit der Erwachsenen, ihre Gefühle und ihr Verhalten zu regulieren und konstruktiv zu verhandeln und zu streiten, sind das A und O für das Wohlbefinden von Kindern und Jugendlichen.

DIE WICHTIGSTEN BEZIEHUNGEN BRAUCHEN DIE MEISTEN EMOTIONALEN KOMPETENZEN

Kocht die Wut hoch, sollte sie reguliert werden, damit das Gefühl nicht zu intensiv wird und den Verstand lahmlegt. Dabei hilft, an etwas Vernünftiges zu denken. Zum Beispiel kann man daran denken, was man sich in diesem Streit zum Ziel gesetzt hat. Sind Sicherheit und Respekt die wichtigsten Werte in einer Familie, dann muss man sie auch im Kopf behalten, wenn man genervt ist. Man sollte nicht toben und das Kind erschrecken. Schreien und Zetern helfen nichts und niemandem. Verletzungen schaden dem Selbstgefühl der anderen und die ganze Beziehung wird distanzierter.

Legen Sie vorher Ihr Ziel fest und wählen Sie Ihre Mittel entsprechend. Beschließen Sie, dass Sie den Ärger nicht überhandnehmen lassen. Dann kann vermieden werden, dass man etwas sagt oder tut, was man später bereut. Erinnern Sie sich daran: »Bleib ruhig! Jetzt nehme ich mich zusammen! Es lohnt nicht, sich aufzuregen. Ich habe beschlossen, dass ich nicht schreie und nicht haue. Ich will unsere Beziehung stärken und nicht kaputtmachen. Ich ziehe mich aus der Situation zurück. Ich denke an etwas Beruhigendes. Ich schlafe eine Nacht drüber, bevor ich darauf reagiere.«

Wenn man den Ärger in sich aufsteigen fühlt, ist es eine gute Hilfe, eine Weile darüber nachzudenken, welche Ziele man in der Kindererziehung hat. Denkt man vernünftig darüber nach, dann ist nicht ständiges Tadeln das Ziel, sondern vielmehr eine konstruktive Auseinandersetzung und ein respektvoller Umgang miteinander. Wenden Sie die Methoden für einen konstruktiven Streit an, wie zum Beispiel im MAFÜWILO-Modell auf Seite 69–70 beschrieben.

Seien Sie offen der Anführer. Das Kind beruhigt sich, wenn der Erwachsene die Verantwortung übernimmt und seine Ängste und Unsicherheiten nicht mit dem Kind teilt. Kinder möchten wissen, wer in welcher Situation bestimmt. Das gibt ihnen Sicherheit. Dann können sie sich beruhigen und entspannen, um im Weiteren zu spielen, zu lernen und sich weiterzuentwickeln – und ein kindgerechtes Leben zu leben.

Kinder und Jugendliche vertrauen darauf, dass Erwachsene ihnen klare Grenzen setzen. Dennoch testen sie die Grenzen aus. Das ist eine natürliche Art zu fragen, ob die Grenzen noch Bestand haben. Regeln geben Sicherheit. Beim Befolgen der Regeln hilft das Modell des A-, B- und C-Korbs auf Seite 45–46.

Ist das Kind nervös, besorgt, verängstigt, verärgert, unsicher und unruhig, dann zeigen Sie ihm, dass Sie nicht nervös oder genervt werden. Das ist der erste und häufig entscheidende Schritt. Die Verantwortung für Kontrolle und Sicherheit der

Situation muss von den Eltern geschultert werden, egal wie schwer es ihnen fällt.

Eltern, die sich respektvoll verhalten und zuhören, bürden dem Kind nicht vorzeitig Lasten auf. Resolute Eltern beruhigen ein unruhiges Kind in einem Gefühlsaufruhr, ohne herunterzuspielen oder zu verurteilen. Sie überlassen die Verantwortung für die Beruhigung der Situation nicht allein dem Kind.

Auch Erwachsene brauchen Unterstützung, aber sie sollten sich diese von anderen Erwachsenen und nicht von ihren Kindern holen.

BLEIBEN SIE DER ERWACHSENE

Eine umsichtige Art und Weise, mit zornigen Kindern und Jugendlichen umzugehen, ist, sich bei Gefühlsausbrüchen emotional rauszuhalten. Ärger, Frustration, Überheblichkeit und Wut übertragen sich sehr leicht vom Kind auf die Eltern. Dann besteht die Gefahr eines sinnlosen Streits und Machtkampfes. Versuchen Sie emotional kompetenter zu agieren als Ihr Kind. Wird das Kind erwachsen, wird es sich verwundert daran erinnern, wie schwierig es mitunter war. Das wird es Ihnen mit Respekt in der Stimme sagen, sofern Sie als Elternteil nicht schroff oder grausam waren.

Schreien Sie einen schreienden Säugling oder ein tobendes Kleinkind nicht an. Seien Sie niemals grob gegenüber Ihrem Kind. Denn das zeigt Ihrem Kind, dass Sie hilflos sind. Beruhigen Sie sich, vermitteln Sie ihm durch eine Berührung und mit der Stimme Sicherheit, wenn sich Ihr Kind mitten in einem Gefühlsanfall befindet.

Bleiben Sie möglichst gelassen, auch wenn Ihr 2- bis 3-jähriger Trotzkopf Sie mit seinen kleinen Fäusten traktiert. Gewalt und Drohungen sind völlig verkehrt. Denken Sie immer daran, die Not Ihres Kindes ist größer als Ihre eigene und es braucht

Sie, um da wieder rauszukommen. Stellen Sie sich beruhigende Bilder vor und konzentrieren Sie sich darauf anstatt auf die Wut Ihres Kindes. Verlangsamen Sie Ihre Atmung. Wenn nichts anderes hilft, stellen Sie sich vor, Sie seien eine hundertjährige Eiche oder ein tausend Tonnen schwerer Felsen. Beide trotzen von Jahrhundert zu Jahrhundert gelassen und stark allen über sie hinwegfegenden Stürmen.

Halten Sie sich zurück und gehen Sie auf die superschlauen, verletzenden Äußerungen Ihres Teenagers nicht ein. In der Phase, wenn sich die Intelligenz besonders schnell entwickelt, treffen die Worte des Kindes genau die Schmerzpunkte der Eltern. Wenn Sie Ihr Kind verletzen, zerstören Sie sein Selbstgefühl und das Vertrauensverhältnis zu sich selbst. Die Überheblichkeit eines Jugendlichen ist nur ein Versuch, seine Unsicherheit zu vertuschen. Es gibt keinerlei Veranlassung, darauf zu reagieren. Verhalten Sie sich als ein Erwachsener, der sich seines Selbstgefühls sicher ist. Sagen Sie lieber, dass Sie seinen Scharfsinn schätzen, den er eines Tages zur Freude der Menschheit einsetzen kann. Haben Sie Verständnis für die Wachstumsschmerzen des Jugendlichen.

Wenn Ihr Jugendlicher trotz gegenteiliger Versprechen nicht auf Ihre Nachrichten reagiert, dann vermeiden Sie, Ihrerseits trotzig zu reagieren. Schalten Sie nicht Ihr Telefon ab und schließen Sie ihn nicht aus. Denn damit begeben Sie sich auf die gleiche Entwicklungsstufe wie der Jugendliche. Stattdessen sollten Sie Ihr Kind suchen und freundlich, aber bestimmt nach Hause holen. Sagen Sie ihm, dass Sie in Sorge sind und immer noch verantwortlich für sein Wohlergehen. Denken Sie daran, dass er bald aus dem Haus gehen wird und Sie nur noch ein paar Jahre Zeit haben, um ihm die Erfahrung eines sicheren, gefestigten, die Unvollkommenheit und das Gefühlschaos eines Teenagers ertragenden Erwachsenen vermitteln zu können.

Wenn Sie leiden, holen Sie sich Hilfe, Rat und Unterstützung von anderen Erwachsenen oder durch professionelle Stellen.

FASSEN SIE DEN ENTSCHLUSS, IHRE GEFÜHLE ZU KONTROLLIEREN

- Wut ist ein starkes Gefühl. Sie wirkt im Körper und schafft das Gefühl von Kraft. Sie führt zu einem zornigen oder gar zerstörerischen Verhalten, wenn man sie nicht kanalisieren oder steuern kann. Das ist bei kleinen Kindern der Fall. Sie sind noch hilflos ihren Gefühlen ausgeliefert.
- Mit der Kraft der Aggression lassen sich auch nützliche und gute Dinge bewirken, sofern man will und kann. Aufbrausen und den »Inneren-Motor-in-Gang-Setzen« vermittelt Kraft.
- Die Wahl trifft der Verstand. Man kann sich entscheiden, wie man handeln will und wie man die Kraft und Energie aus den Gefühlen einsetzt. Einsatz des Verstandes bedeutet, dass man nicht den Gefühlen die Macht über seinen Geist überlässt.
- Entscheiden Sie sich dafür, gewaltfrei zu sein. Unterstützen Sie Kinder und Jugendliche in ihren Versuchen, gewaltfrei zu sein. Loben, danken und ermutigen Sie sie bei kleinen Erfolgen.
- Es ist eine Frage der Wahl, der Übung und des Durchhaltevermögens.

KONZENTRIEREN SIE SICH AUF IHRE SINNE

Eine einfache emotionale Kompetenz ist es, ein Gefühl auszuhalten und zu besänftigen, indem man sich auf etwas anderes konzentriert. Sie können versuchen, Ihre Aufmerksamkeit und Ihre Gedanken weg von dem, was Sie ärgert, hin zu dem, das Sie im Moment gerade tun, zu lenken. Beispielsweise auf Ihre Atmung oder Ihren Tastsinn: Wie fühlt sich der Stift in meiner Hand an oder wie ist der Boden unter meinen Füßen? Wie warm sind meine Zehen? Sie können sich auch darauf konzentrieren, ein Gemälde oder die Landschaft zu betrachten oder Geräusche in Ihrer Umgebung wahrzunehmen. Indem Sie sich auf Ihre Sinneswahrnehmungen und kleine Details konzentrieren, geben Sie Ihrem Gefühl Zeit, sich abzuschwächen oder nachzulassen. Tun Sie etwas, das Ihnen guttut: Für die einen ist das Gartenarbeit, für andere Handarbeit. Gönnen Sie Ihrem Gehirn eine Pause und konzentrieren Sie sich auf Ihre Lieblingsbeschäftigung.

Auf einem Spaziergang durch die Natur oder abends im Bett können Sie Ihren Körper erspüren, wie schwer, warm oder angespannt er sich anfühlt. Konzentrieren Sie sich auf die Luft in Ihrer Nase und auf die Wege, die sie durch Ihren Körper nimmt. Zählen Sie beim Einatmen bis vier und verlangsamen Sie Ihre Ausatmung, solange es geht. Achten Sie darauf, dass Sie die Luft tief bis in den Bauch hinein einatmen.

Beobachten Sie während einer Auseinandersetzung die physiognomischen Details im Gesicht Ihres Gegenübers anstelle seiner Mimik und seines Tonfalls. Richten Sie Ihre Aufmerksamkeit zwischendurch wieder auf die Schwerkraft, die Atmung oder das Gefühl Ihrer Hände. So brausen die Gefühle nicht unvermittelt auf und geben Ihnen Zeit, sich zu beruhigen. Auf diese Weise vermeiden Sie störende Gedanken, die unangenehme Gefühle provozieren und eine Abwehrreaktion des Körpers hervorrufen.

Bemühen Sie sich in Ihrem Geist um Dankbarkeit, Mitgefühl und Anerkennung. Das sind gesunde Gefühle, sozusagen die emotionalen Vitamine. Beschließen Sie, dass Sie das Sich-Sorgen-Machen für eine Weile anderen überlassen.

Haben Sie sich im Griff?

Denken Sie an das zurückliegende Jahr. Gab es in diesem Zeitraum etwas, das Sie im Zustand der Verärgerung getan und später bereut haben? Überlegen Sie, was Sie am liebsten ungeschehen machen würden. Schreiben Sie eine Liste mit Situationen, in denen Sie etwas gesagt oder getan haben, das Sie hinterher bereut haben.

....

....

....

....

....

....

....

....

....

....

....

....

....

....

....

....

....

....

....

....

....

....

....

....

Die meisten von uns haben schon einmal etwas bereut, das sie getan oder gesagt haben. Solange die Gefühle in uns besonders mächtig sind, tun oder sagen wir Dinge, die uns hinterher leidtun. Im Zustand der Verärgerung fühlt es sich vielleicht gut an, jemandem etwas Unangenehmes an den Kopf zu werfen, ihn zu schubsen oder Gegenstände zu zerstören. Erst im Nachhinein verstehen Sie, dass Ihre Handlung falsch, schlecht und unüberlegt war. Es ist schwer, vernünftig zu handeln, solange der Gefühlsanfall andauert. Wenn der Verstand zurückkehrt, bereuen wir diese Taten in der Regel. Daran sollte man sich immer erinnern. Intensive Gefühle verdrängen den Verstand. Gefühlsausbrüche sollten gedämpft werden.

SELBSTGEFÜHL DURCH EMOTIONALE KOMPETENZ

Der Einfluss uns nahestehender Menschen auf die Entwicklung unseres Selbstgefühls ist gewaltig. Die Entwicklung des Selbstwertgefühls Ihres Kindes hängt von Ihnen ab! Geben Sie ihm Sicherheit! Hören Sie zu! Bestärken Sie es im Alltag und bei Enttäuschungen. Akzeptieren Sie Ihr Kind so, wie es ist. Akzeptieren Sie auch sich. Das genügt.

Das Kind entwickelt ein gutes Bild von sich, wenn es von Menschen umgeben ist, die es stärken, wenn es seine emotionalen Fähigkeiten ausprobieren und trainieren darf und wenn es die Möglichkeit hat, Gefühle, Misserfolge und Erfolge in einer sicheren Umgebung zu erleben.

Wenn man auf Fehlern herumhackt, das Kind ständig tadelt oder ununterbrochen zurechtweist, schadet das seinem Selbstgefühl. Folgt auf einen Gefühlsausbruch des Kindes immer eine Strafe, wird es sich früher oder später gehemmt und schlecht fühlen. Es beginnt zu glauben, seine Gefühle seien schlecht. Hört ein Kind ständig, dass es falsch handelt, dann denkt es bald von sich, es sei ein schlechtes Kind. Es fürchtet sich vor Misserfolgen und wird beginnen, Dinge und Herausforderungen zu vermeiden. Ein schwaches Selbstwertgefühl zieht einen schwachen Erfolg im Leben nach sich. Das sollte dem Kind nicht mitgegeben werden.

Auch das Selbstgefühl ist ein Gefühl. Ein gutes Selbstgefühl heißt, sich zu mögen. Ein ehrliches und akzeptierendes Verhältnis zu sich selbst zu haben, mit Fehlern und allem, was dazugehört. Es ist wichtig, die eigenen Gefühle und Enttäuschungen zu akzeptieren. Durch sie lernt man sich besser kennen und das wiederum wirkt sich positiv auf die Entwicklung des Selbstwertgefühls aus. Das erfordert immer auch die Unterstützung und Ermunterung durch das Umfeld. Stärken Sie Ihr Kind, damit es mit Fehlern zurechtkommt und sich vertraut. Menschen mit einem guten Selbstgefühl trauen sich, Herausforderungen anzunehmen und dadurch Erfolge zu erleben.

Wenn die Eltern dem Kind helfen, schwierige Gefühle zu überstehen, wird es lernen, seine Gefühle zu beherrschen, und das Leben jetzt und später meistern. Kinder bilden ein starkes Selbstgefühl heraus, wenn sie wissen, dass sie in der Lage sind, Streitereien und widersprüchliche Gefühle zu managen, und ihre Eltern auch bei Fehlern und Irrtümern an ihrer Seite stehen. So werden sie als starke und selbstbewusste Menschen selbstständig und können auf ihren Erfolg vertrauen. Und so wird es ihnen auch gelingen, enge, dauerhafte und relevante Beziehungen aufzubauen.

Ein gutes Selbstgefühl ist Bestandteil der psychischen Gesundheit. Es beugt Niedergeschlagenheit vor, vermehrt Wohlbefinden, Zufriedenheit und Gesundheit und verheißt eine bessere Ausbildung. Ein gutes Selbstgefühl steht auch mit einem besseren schulischen Erfolg in Verbindung. Und lässt außerdem Gutes erwarten für eine spätere Partnerschaft und den Beruf. Es schützt gegen Druck und Misserfolge im Leben, denn ein Mensch mit einem guten Selbstgefühl wird nie völlig zusammenbrechen. Er macht sich nicht so viele Vorwürfe und sein Selbstgefühl wird nicht bröckeln. Er wird sich schneller erholen, wenn er Schiffbruch erleidet, und ist bereit, es erneut zu versuchen. Das bezeichnen wir als Flexibilität und Ausdauer, *Resilienz,* die Fähigkeit, schwierige Lebenssituationen zu überstehen. Und zwar so zu überstehen, dass Rückschläge in Lebenswillen und Lebensfreude umgewandelt werden.

Das Selbstgefühl von Kindern und Jugendlichen entwickelt sich mit zunehmendem Alter immer weiter. In der Jugend ist das Selbstgefühl extrem schwankend und vielfach schwach. Wie sich das Selbstgefühl eines jungen Menschen entwickelt, hat entscheidenden Einfluss darauf, wie es sich im Laufe des Lebens weiter gestalten wird. Kinder und Jugendliche sollten zu starken Menschen herangezogen werden. Stärken Sie bei Ihrem Kind Denkweisen, die die Anpassungsfähigkeit sowie die Bewältigung und das Überstehen von Rückschlägen befördern. »Rückschläge und Leiden wird es geben. Fehler sind erlaubt. So was kommt vor, richte den Blick nach vorn!« Man sollte nicht in Widrigkeiten verharren, aber auch darauf achten, dass die Gefühle des Kindes nach Enttäuschungen nicht heruntergespielt oder übergangen werden.

Viel lieber sollte man gutes Verhalten preisen, es in den Mittelpunkt rücken und es aufgreifen, wenn das Kind richtig handelt. Kinder wiederholen das, wofür Eltern sich interessieren. Konzentriert man sich nur darauf, das Kind zu maßregeln und auf seine Fehler hinzuweisen, dann wird es davon immer mehr geben. Verstärken Sie lieber die guten Seiten bei Ihrem Kind durch Aufmerksamkeit, Dank und Lob.

Bringen Sie Ihrem Kind nützliche Alltagsfähigkeiten bei, mit denen es sich verteidigen kann. Emotionale Kompetenz sorgt für Sicherheit, gute Stimmung und ein fröhliches Miteinander in der Familie, im Kindergarten, in der Schule und am Arbeitsplatz. Kinder brauchen Lebenskompetenzen, Wissen über verschiedene Verhaltensmuster, Mut machendes Feedback und Eltern, die an sie glauben: »Du lernst das ganz gewiss, wenn du ein bisschen übst. Du wirst ganz bestimmt lernen, deine Gefühle zu kontrollieren. Aus dir wird mal ein zufriedener Erwachsener.«

Wie ist Ihr Selbstgefühl gestärkt worden, als Sie ein Kind waren?

Zählen Sie alles auf, mit dem Ihre Eltern Sie gestärkt und ermutigt, Ihnen zugehört und Sie wertgeschätzt haben. Hat das Ihren Glauben an sich gefestigt? Erinnern Sie sich an positive Äußerungen Ihrer Eltern, die Ihnen immer wieder in den Sinn kommen und Sie froh stimmen? Machen Sie außerdem eine Liste von allen Erwachsenen, die Sie gestärkt haben. Gab es in Ihrer Kindheit jemanden, bei dem Sie sich nach einer Begegnung besser und schwungvoller gefühlt haben? Schreiben Sie auf, wie Sie sich nach diesen Begegnungen gefühlt haben. Oder malen Sie es auf. Schreiben Sie Worte auf, die Ihnen geholfen haben. Wie auch immer es Ihnen gerade in den Sinn kommt.

....

....

....

....

....

....

....

....

....

....

Ist das Bild, das Kinder oder Jugendliche von sich haben, schlecht, ist das eine ernste Angelegenheit. Dann denkt das Kind, es sei für nichts gut genug. Alle Erfolge wirken dadurch unvollkommen und brüchig. Ein derart negatives Denken beeinflusst auch, welche Träume und welche Einstellung das Kind zu sich hat.

Als Erwachsener ist es dann möglicherweise zu streng zu sich. In Momenten, wenn es seine Rechte verteidigen sollte, ist es verängstigt und glaubt, eine schlechte Behandlung verdient zu haben. Es wird sich an die Anschuldigungen, Schreie und wütenden Gesichtsausdrücke seiner Eltern erinnern und ebenso an seine weichen Knie, seine Niedergeschlagenheit und wie sein Magen sich zusammenzog, wenn der wütende Erwachsene sich ihm näherte. Möglicherweise erinnert es sich an den Schmerz, die Angst, die Scham, an die trostlose Einsamkeit im Arrest, den Zorn, die Trauer und die Enttäuschung, die auf Strafen folgten. Besonders gut wird es sich daran erinnern, dass keiner um Entschuldigung gebeten oder vergeben hat, dass keiner getröstet oder erklärt hat, was eigentlich schiefgelaufen ist.

Selten wird man sich als Erwachsener daran erinnern, warum die Eltern wütend waren, sondern vielmehr annehmen, dass man sicher schuld war: »Bestimmt habe ich sie genervt oder war böse. Wäre ich doch nur jemand anders. Warum komme ich immer noch nicht zurecht, warum kann ich nicht stark sein? Warum denke ich immer nur über Dinge nach, die lange zurückliegen. Ich hasse mich.« Sätze wie diese sind typisch für Menschen, die in ihrer Kindheit wiederholt Bestrafungen sowie Unverständnis bei Erwachsenen erlebt haben und daraus resultierend ein schwaches Selbstwertgefühl besitzen. Deshalb sollte immer bedacht werden, wie das Selbstgefühl junger Menschen gestärkt werden kann, welche Hilfe wir ihnen anbieten und welche Fähigkeiten wir vermitteln können, anstatt zu verurteilen.

DIE KUNST, ES RECHTZEITIG ZU SCHAFFEN

»Zieh dich an. Jetzt müssen wir uns beeilen!«, sagen Mutter oder Vater und drängen zum Aufbruch. Kommt man wenige Augenblicke später zurück ins Zimmer, ist nichts passiert. Die Schultasche wurde hervorgeholt und der Schlafanzug ausgezogen. Aber dann hat sich das Kind wieder über seinen Comic gebeugt. Zeit für einen Streit?

Sie sollten daran denken, dass ständige Eile, Stress und beklemmender Leistungsdruck zu Hause verinnerlicht werden. Kinder, nicht einmal Schulkinder, verfügen noch nicht über einen ausgeprägten Zeitsinn. Es ist die Aufgabe des Erwachsenen, auf die Zeit zu achten, dem Kind zur Seite zu stehen und es zu loben. Unnötiger Streit und geschürte Eile sind schädlich für alle.

Schenken Sie dem Versäumnis Ihres Kindes keine Beachtung und danken Sie ihm für das, was es getan hat. »Danke, dass du die Schultasche schon hingestellt hast. Pack als Nächstes bitte deine Sachen ein. Was brauchst du heute in der Schule? Hast du heute Sport? Welche Bücher und Hefte brauchst du? Denk auch an dein Mäppchen.«

Kommen Sie nach einem Augenblick wieder vorbei, um ihm zu danken, es zu ermutigen und zu lenken. So funktioniert die Zusammenarbeit. Kinder sind am Anfang noch klein und brauchen Lenkung, wie sie vielschichtige Aufgaben meistern können.

Am Anfang bedeutet das, im Minutenabstand einzugreifen, später alle zwei Minuten usw. Indem Sie ihm danken, gehen die Dinge auf positive Art und Weise vorwärts. Überflüssiges Zurechtweisen verdirbt allen die Stimmung.

LOBEN SIE IHR KIND JEDEN TAG

Kinder lernen durch das Vorbild ihrer Eltern, wie man andere Menschen behandelt. Die häuslichen Umgangsformen haben einen enormen Einfluss. Gesichtsausdruck, Stimme und Gesten zählen. Der Tonfall sagt mehr als die Worte. Bieten Sie Muster für ermutigende Äußerungen. Das ist eine geniale und selbstverständliche Art, dem Kind ein positives Selbstgefühl zu vermitteln.

Die größere Körpergröße des Erwachsenen zeugt an sich schon von Macht und ist eine natürliche Bedrohung für das Kind. Anweisungen von oben nach unten sind immer eine Form der Machtäußerung. Wenn Sie in die Hocke gehen und dem Kind auf Augenhöhe begegnen, wird es schneller Vertrauen zu Ihnen fassen. Schauen Sie ihm direkt in die Augen (Ehrlichkeit), seien Sie auf Höhe des Kindes (keine Bedrohung) und sprechen Sie mit sanfter Stimme (Offenheit). Dann glaubt Ihnen das Kind, was Sie sagen und wenn Sie es loben. Besonders effektiv ist es, wenn Sie es im Beisein anderer loben und ihm danken.

Dank und Lob erhellen den Tag. Loben ist einfach. Verstärken Sie Ihre Worte durch leichte Berührungen, Ihren Blick oder ein Lächeln – das alles sind schon an sich Formen des Lobes. Einem Kind positive Aufmerksamkeit zu schenken tut Ihnen beiden gut. Demgegenüber transportiert Verärgerung die Botschaft: »Ich mag nicht, wie du bist und was du tust.«

Loben Sie Ihr Kind von Zeit zu Zeit allein dafür, dass es einfach es selbst und wundervoll ist. Es genügt, ist wundervoll und genau richtig so, wie es ist. Fühlt ein Kind sich angenommen, ohne dass es eine bestimmte Leistung erbringen muss, dann erwächst in ihm ein starkes Selbstwertgefühl. Viel zu oft werden Kinder nur darauf hingewiesen, wo sie sich verbessern sollen. Deswegen ist es wichtig, hin und wieder daran zu denken, dem Kind zu sagen, dass es gut ist.

Kinder, die selten gelobt werden, fangen höchstwahrscheinlich an, sich schlecht zu benehmen. Wenn Sie dem Kind aber für eine Tat danken, dann wird es mit Sicherheit die gleiche Tat wiederholen wollen. Ein Kind möchte seinen Eltern gefallen und wenn Sie ihm danken, wird es versuchen, mehr Dank von Ihnen zu erhalten. Gute Taten nehmen zu, solange Sie daran denken, dafür zu danken.

Danken Sie Ihrem Kind dafür, dass es versucht und probiert. Danken Sie ihm für seine Neugier, seinen Wunsch zu lernen, seine Fähigkeit, sich zu entwickeln, seinen Wunsch zu verhandeln, seine Ausdauer, seinen Fleiß und dafür, dass es seinen Willen zum Ausdruck bringt. Diese Fähigkeiten verhelfen zu einer besseren Lebensgestaltung und mehr Zufriedenheit. Sie verstärken den Wunsch, es selbst zu versuchen und Enttäuschungen zu ertragen. Loben Sie genau die Eigenschaften und Stärken, die das Kind voranbringen. Motivieren und ermutigen Sie es. Meistern Sie neue, schwierige Dinge mit ihm gemeinsam. Teilen Sie Ziele in kleine Portionen auf, damit das Kind viele Erfolgsmomente erleben kann.

Gelingt dem Kind etwas, halten Sie inne und feiern Sie es. Diese Momente sollten Sie genießen und weitererzählen. Selbst wenn das Ergebnis nicht besonders gut ist, können Sie sagen: »Gut, dass du es versucht hast. Du bist ganz schön hartnäckig! Prima, dass du es noch einmal versuchst.« Wenn etwas schiefgelaufen ist, sagen Sie: »Dafür kannst du nichts. Das passiert uns allen. Ist gut.« Loben Sie Ihr Kind für seine Begeisterung, sein Tun, seine Ideen und gemeisterte Enttäuschungen. Unterstützen Sie es in seinem Bemühen, helfen Sie ihm ab und zu, aber lassen Sie es auch allein versuchen und scheitern.

Danken Sie ihm auch für das Planen und Träumen. Ziele und das Streben danach sind positive Dinge. Träume machen das Versuchen leichter und bedeutsamer.

Wenn Sie als Kind oder Jugendlicher nie gelobt wurden, mag es Ihnen seltsam erscheinen, Ihr Kind ständig zu loben. Wählen Sie in diesem Fall den einfachsten Weg und loben Sie Verhaltensweisen, die Sie öfter sehen möchten: »Prima, du hast die Teller in den Geschirrspüler geräumt!« Nennen Sie dabei den Namen des Kindes, das verstärkt sein Wohlbehagen. Dann wird es mit dieser Tat ein warmes Gefühl, Freude und Stolz verbinden. Es wird den Geschirrspüler wieder einräumen. Indem Sie den Namen des Kindes nennen, formen Sie sein Selbstbild. Vermeiden Sie also, den Namen in negativen Sätzen zu verwenden.

Bei jungen Menschen kann sich das Lob auf alles richten, was ihnen schwerfällt, zum Beispiel etwas Neues zu lernen und die Begeisterung für das Lernen. Es lohnt sich auch immer, das Kind zu loben, wenn es seine Gefühle zeigt, ohne andere zu verletzen, und wenn es seine Stärken nutzt.

Ständige Bewunderung nutzt dem Kind allerdings nichts. Wenn aus Sicht des Erwachsenen alles fantastisch, großartig und ungeheuer toll ist, kann das sogar schädlich für sein Selbstgefühl sein. Dann weiß es nicht, wofür es gelobt wird, wenn alles, was es tut, toll und fein ist. Allerdings ist ein geiziger Umgang mit Lob viel verbreiteter.

Für Kinder und junge Menschen ist es wichtig, auf viele verschiedene Weisen vermittelt zu bekommen, dass sie so, wie sie sind, akzeptiert werden. Genauso wichtig ist es, ohne ständiges Zurechtweisen, Korrigieren und die Angst, etwas falsch zu machen, leben zu dürfen. Ein entspanntes, gelassenes und sicheres Leben führen zu können.

Dank und Lob, Ansporn und Ermutigung werden viel mehr benötigt als Tadel, der sich als Schmerz einprägt. Ansporn und Lob bleiben weniger leicht in Erinnerung, dabei sind gerade sie es, die uns dazu bringen, uns Mühe zu geben und es noch einmal mit mehr Begeisterung zu versuchen. Am besten erinnern Kinder sich an die Blicke der Eltern: war der Blick anspornend und ermutigend oder geringschätzend und verurteilend. Auch das Schweigen der Eltern kann sich für ein Kind bedrohlich und negativ anfühlen. Mit kleinen Blicken und einem Lächeln kannst du ihm mitteilen: »So ist es gut!«

LOB, DAS NICHT ANSPORNT

Vermeiden Sie, Ihr Kind als besonders »geschickt, schön oder schnell« zu loben, bevor es etwas versucht hat. Vermeiden Sie, ihm zu sagen, dass es spitze, der/die Beste, Geschickteste/Klügste sei. Natürlich sind das erstrebenswerte Eigenschaften, aber wenn Sie sie dauernd wiederholen, dann hat das Kind das Ziel ja schon erreicht. Das lähmt den Wunsch, sich anzustrengen. Übertriebenes Lob kann dazu führen, dass Ihr Kind aufhört, sein Bestes zu geben. Es will nämlich nicht den Besten-Pokal abgeben. Wenn es das Gleiche noch mal versucht, aber mit weniger Erfolg, dann wäre er/sie ja nicht mehr der/die Beste. Von der Spitze gibt es nur einen Weg und der führt abwärts. Dann ist es für das Kind sicherer, es nicht mehr zu versuchen.

Vermeiden Sie Vergleiche und neidvolle Bemerkungen. Sie vergleichen, wenn Sie sagen, dass es besser ist als die anderen oder tüchtiger. Jeder lernt und kann Dinge in seiner eigenen Geschwindigkeit. Jeder hat ganz eigene Fähigkeiten zu erlernen und zu erreichen. Jeder hat auf seine eigene Art Erfolg und konkurriert nur mit sich selbst. Durch das Kritisieren anderer, wächst in dem Kind die Angst, selbst schlecht dazustehen.

Überlegen Sie auch, ob Sie die Schönheit Ihres Kindes betonen wollen. Eine Gesellschaft, die Wert auf Schönheit und Aussehen legt, kann für Kinder und Jugendliche leicht zu einer seelischen Belastung werden. Viele glauben, wenn sie nur schön genug wären, dann wäre alles besser. Kinder und besonders Jugendliche laufen Gefahr, beim Erreichen des Schönheitsideals zu weit zu gehen. Kleidung und Aussehen erhalten dann häufig zu viel Gewicht.

Loben Sie auch andere Kinder, sodass Ihr Kind es hört – aber ohne zu vergleichen. Zu einem guten Selbstgefühl und einer hohen Selbstachtung gehört das Wissen, dass es Dinge gibt, in denen andere gut sind und bei denen man selbst noch Verbesserungsbedarf hat. Man muss nicht alles können und man braucht auch nicht immer der Beste zu sein.

Loben Sie auch sich im Beisein Ihres Kindes: »Na, das war doch gut. Der Versuch hat sich gelohnt. Es hat Spaß gemacht, etwas Neues zu lernen. Das ist gut geworden! Ich habe nicht aufgegeben und es hat geklappt!« Aber seien Sie auch gelassen und entspannt. Man muss nicht immer etwas leisten oder begeistert sein, mitunter lässt man die Dinge auch einfach laufen und verbringt beispielsweise einen Tag im Schlafanzug.

DAS STÄRKEN-HEMD

Vielleicht haben Sie ein Kind oder eine Schar wunderbarer Kinder, die zuweilen richtig anstrengend sein können. Kinder sind wütend, trotzig oder streiten sich. Sie möchten trotzdem positiv und ermutigend sein und für Freude und Harmonie sorgen.

Überlegen Sie die wichtigste, gute Eigenschaft von jedem Kind. Welche Stärke, welche Charaktereigenschaft hat gerade dieses Kind? Vielleicht ist es besonders freundlich, mutig oder hilfsbereit? Dann lernen Sie, den Namen immer in Verbindung mit dieser positiven Eigenschaft zu nennen.

Stellen Sie sich vor, jedes Kind trägt ein T-Shirt, auf dem diese Eigenschaft steht: »Mutiger Abenteurer. Lieber Freund. Fleißiger Helfer. Fröhlicher Aufmunterer.« Achten Sie darauf, dass Sie immer als Erstes diese Aufschrift vor sich sehen, wenn Sie das Kind anschauen.

Mag das Kind kommen oder gehen, gute oder schlechte Dinge tun, Sie sehen es immer in diesem T-Shirt: »Hier ist der fleißige Helfer Franz, bei dem im Moment etwas nicht so gut läuft.«

Entwickeln Sie Ihre eigene Art und Weise, über Kinder zu denken. Hören Sie auf, in ihnen die schwierigen Plagegeister zu sehen. Betrachten Sie sie immer aus dem Blickwinkel der von Ihnen geschätzten Eigenschaft – auch in schwierigen Momenten, wenn das Kind keine Kontrolle über sein Verhalten hat. So sind in Ihrem Blick und Ihrer Stimme weiterhin Freundlichkeit und Vertrauen in das Kind erkennbar. Dann lenken Sie »den mutigen Abenteurer« oder »den lieben Freund« und nicht ein »schwieriges« oder »unartiges« Kind. Aus dem Blick und dem Tonfall eines Erwachsenen können Kinder herauslesen, was der Erwachsene über sie denkt. Das hört man auch Ihren Worten und sieht man Ihrem Gesicht an.

Was Sie betonen, verstärkt sich und bald beginnt das Kind, sich diesen Stärken entsprechend zu verhalten. Auch wenn es wütend ist, will das Kind im Grunde etwas Gutes. Denken und sprechen Sie Gutes über das Kind.

STÄRKEN SIE DAS WOHLBEFINDEN

Gehen Sie mit Ihrem Kind in einem ruhigen Augenblick, zum Beispiel auf einer Busfahrt, nach dem Essen oder abends vor dem Zubettgehen, jene Ereignisse des Tages durch, die bei Ihnen und vor allem beim Kind gut gelaufen sind. Sprechen Sie auch laut aus, wie schön es ist, dass die Sonne scheint oder dass es dämmrig ist, wie sehr Sie sich auf das Zuhause/die Schule freuen. Sprechen Sie über Dankbarkeit und wärmende Gefühle. Das zu hören erfreut Kinder und erzeugt bei ihnen Wohlgefühl.

Beginnen Sie den Tag am Morgen damit, zu sagen, was im Moment gerade Ihr Herz erwärmt. Beenden Sie den Tag am Abend, indem Sie sagen, wofür Sie alles dankbar sind und was gut ist. Dann fühlen auch Sie sich besser und Kinder lernen, die positiven Dinge zu sehen. Seien Sie immer wieder dankbar, dass gerade dieses Kind Ihr Kind ist. Sagen Sie immer wieder, wie lieb Sie es haben.

Das, worauf man sich konzentriert, vermehrt sich. Konzentrieren Sie sich auf die Fehler, dann werden sie immer mehr. Konzentrieren Sie sich darauf, über Gutes zu reden, fallen Ihnen immer mehr Themen ein. Jedes Kind verdient zu erfahren, dass es ein gutes Kind ist. Sehen Sie Ihr Kind an und erkennen Sie all das Gute in ihm.

Vermeiden Sie, negatives Denken auf Ihr Kind zu übertragen. Gefahren, Sorgen und schlechte Nachrichten, die man immer wiederholt, lähmen und deprimieren uns, auch wenn das Thema das Kind oder den Jugendlichen nicht einmal direkt berührt. Ängste und Schreckensszenarien sind schädlich. Ebenso wie ständige Eile. Formen Sie nicht das Bild eines Erwachsenen, der ständig am Negativen kleben bleibt.

Ein gutes Selbstbild führt zu psychischer Gesundheit und Durchhaltevermögen. Dann ist das Kind nachsichtig und positiv gegenüber sich eingestellt. »Ich bin gut. Ich habe versucht, gut und richtig zu handeln, aber manchmal klappt es einfach nicht. Ich versuche es wieder. Ich bin beharrlich und kann Hilfe bekommen. Ich werde nicht verurteilt, auch wenn ich Fehler mache. Ich werde es lernen!«

Die Stufen der Aggression

Gefühlskontrolle ist ein das ganze Leben währender Lernprozess. Im Folgenden machen wir uns mit den Entwicklungsphasen schwieriger Gefühle vertraut. Die Stufen der Aggression bieten ein Stufenmodell zur Beschreibung der Entwicklung von Kindern und Jugendlichen. Sie helfen Eltern, ihre Kinder zu stärken und sie zu belastbaren Menschen zu erziehen.

Kinder und Jugendliche werden durch ihre Ausdauer, ihren Willen und ihr Verlangen nach Herausforderungen in Richtung eines guten Selbstwertgefühls und Eigenständigkeit gelenkt. Diese Gefühle und Phasen sind notwendig. Ärger, Wut und Zorn sind starke Gefühle, aber noch keine Taten. Sie sind vielleicht schwer auszuhalten und sie zu beherrschen bedarf der ständigen Übung in allen Wachstums- und Entwicklungsphasen – auch noch als Erwachsener. Aber sie werden auch benötigt, damit man um wichtige Dinge kämpfen, seine eigenen oder die Rechte anderer verteidigen oder sich noch einmal aufraffen kann, nachdem der erste Versuch missglückt ist. Das alles steckt in dem finnischen Wort »sisu«, Beharrlichkeit und Ausdauer.

Konzentriert man sich auf das Verstärken positiver Dinge, ist man als Eltern nicht länger frustriert und verwirrt. Selbst schwierige Gefühle werden zu positiven Kraftreserven und Stärken, wenn man ihre Notwendigkeit anerkennt. Es ist gut, wenn ein Kind lernt, für sich einzustehen, seine Willenskraft sinnvoll einzusetzen und seinen Ärger in eine positive Anstrengung umzulenken.

Man darf wütend werden und mit Verärgerung kann man klarkommen. Lernt ein Kind oder Jugendlicher, die Verärgerung seiner Mitmenschen zu erkennen und seinen eigenen Ärger in Stärke und einen couragierten Standpunkt umzuwandeln, stärkt das seine Lebenskompetenz und sein Wohlbefinden. Dadurch werden die positiven Gefühle in seinem Leben verstärkt.

Sie als Erwachsener können sich beim Lesen der Beschreibungen der einzelnen Stufen auch an Ihre eigene Entwicklung erinnern. Denken Sie daran, dass Kinder und Jugendliche auf jeder ihrer Entwicklungsstufen perfekt sind und ihrem Alter entsprechen. Sie sind keine halb fertigen Erwachsenen. Endgültige Reife gibt es nicht, auch Erwachsene entwickeln sich weiter. Auf jeder Stufe, auf der Ihr Kind sich gerade befindet, genügt es und ist genau richtig. Geben Sie dem Kind Rückmeldung zu seinen Versuchen, spornen Sie es an, sich anzustrengen, und bemühen auch Sie sich, ihm zur Seite zu stehen – zu seinem und Ihrem Wohl.

AUF JEDER EMOTIONALEN STUFE AN DER SEITE DES KINDES

Kinder brauchen auf jeder Stufe eine ihrem Charakter entsprechende Fürsorge und Lenkung. Kinder fordern ihre Eltern heraus, sich mit ihnen zu entwickeln. Jede neue Phase erfordert eine neuartige Elternrolle.

Besonders das Babyalter, das Willensalter und die Pubertät sind intensive Entwicklungsphasen für den Nachwuchs. Hier sind in der Entwicklung des Gehirns jene Phasen verortet, in denen das Kind am sichtbarsten Beharrlichkeit, Trotz und Willen trainiert. Möglicherweise brodelt es in der ganzen Familie während dieses »Gefühlsintensivkurses«. Diese Phase ist für Kinder und Jugendliche extrem nützlich. Mit den Fähigkeiten, die sie in der Familie erlernen, beginnen sie eines Tages ihr eigenständiges Leben in der Gesellschaft. Die Eltern tun gut daran, ihre Kinder hierbei zu unterstützen und sie stark und lebenstüchtig zu machen.

Die Beherrschung von Ärger ist eine Kunst. Passt man seinen Erziehungsstil den Entwicklungsstufen des Kindes an, wird sich die Atmosphäre zu Hause merklich entspannen. Das Selbstbild eines Kindes oder jungen Menschen entsteht aus den Antworten, die es von den Eltern erhält. Das Kind oder der Jugendliche erlernen Gerechtigkeit und Auseinandersetzungsstrategien durch eine Erziehung, die ihre Gefühle respektiert und ein konstruktives Verhalten fördert. So erlernen sie mutige, konstruktive Streitvorbilder sowie ihre Grenzen und ihr Recht auf Selbstbestimmung zu verteidigen.

Frustration und Hass auf die Eltern sind besonders schwer zu ertragen. Manche Jugendliche zeigen es offener als andere. Arroganz und Geringschätzung werden von den Eltern oft als ungerecht und verletzend empfunden. Doch es ist sinnlos, dem

Jugendlichen dafür zu zürnen, weil auch das ganz natürlich zum Selbstständigwerden gehört. Mit Sicherheit haben Sie viel Arbeit investiert und Opfer gebracht zum Wohle Ihres Kindes. Danken wird es Ihnen das frühestens in zwanzig bis dreißig Jahren, wenn es selbst Kinder bekommt. Glauben Sie an sich als Eltern und danken Sie sich selbst. Die Entwicklungsphasen des Kindes sind auch Wachstumsschritte für die Eltern.

0. Die Stufe vor der Geburt

Die Schwangerschaft ist eine wichtige Phase für die Entwicklung des Gehirns und der Emotionskontrolle. Eine glückliche und fröhliche Schwangerschaft ist der beste Start für das Kind.

1. Ich bin 0–1 Jahre alt, kümmere dich um mich!

Ein ganz kleines Kind ist voller Gefühle, dazu gehören auch Weinen und Verzweiflung. Es braucht viel Beruhigung und gemeinsame Freude. Das Weinen des Kindes enthält folgende Botschaften: *Ich bin hier, nimm mich wahr! Wer kümmert sich um mich? Wen kann ich zu mir locken? Bin ich überhaupt wichtig? Überlebe ich?* Im Weinen stecken auch Kraft und der Wunsch nach Nähe, Vertrautheit und emotionale Bindung.

2. Ich bin 1–2 Jahre alt und ein unermüdlicher Forschungsreisender

Das Kind braucht die sichere Lenkung und Anwesenheit eines Erwachsenen. Es verbringt eine intensive Zeit mit dem Erwachsenen, spiegelt sich fortwährend in ihm und lehnt sich an ihn, auch wenn es sich windet und tobt. Es entdeckt die Welt und alles Neue ist wunderbar. Das Kind traut sich fast alles und braucht jemanden, der ihm sagt, was sicher ist, der Grenzen setzt und ihm Sicherheit gibt. Das Kind lernt, das Wort *Nein* zu verstehen, aber am meisten braucht es Tipps, was es tun darf.

3. Ich bin 2–3 Jahre alt und will wollen

Das Kind durchlebt Emotionsausbrüche, die den Erwachsenen als sicheren Lenker benötigen. Das Kind ist vollkommen abhängig von einem Erwachsenen und braucht dessen Sicherheit und Schutz, um sich zu beruhigen, wenn es übermüdet ist oder vor Wut tobt. Den Willen des Kindes braucht man nicht zu fürchten, sollte ihn aber auch nicht übergehen. Vielmehr ist es die Aufgabe des Erwachsenen, dem Kind durch und über den Emotionsausbruch hinwegzuhelfen. Das Kind kann seine Gefühle nicht kontrollieren, möchte aber Dinge selbst entscheiden, zumindest manchmal. Es will selbst können.

4. Ich bin 3–4 Jahre alt, antworte mir!

Das Kind fordert den Erwachsenen heraus und möchte Erklärungen, Führung und Orientierung in einer komplizierten Welt. Das Kind versteht, dass man das eigene Verhalten regulieren und das der anderen beeinflussen kann. Mit anderen Worten, es entwickelt jede Menge sozialer Fähigkeiten. Das Fragealter ist in seiner heißesten Phase – was, wie, warum? Manchmal ist das Kind von der ungeheuren Menge an Wissen erschöpft. Sicherheit gibt ihm, dass es fragen darf und Antworten erhält. Ein wichtiger Fantasiefreund kann das Selbstgefühl und die Selbstregulation stärken.

5. Ich bin 4–5 Jahre alt, sieh mich an!

Das Kind möchte, dass wir unseren Blick auf es richten, dass es bewundert wird und dass der Erwachsene Zeit mit ihm verbringt. Es entwickelt für sich eine Fantasierolle, denn die vorgestellte Welt mildert die Erfahrung des Kleinseins. Es bittet: *Sieh mich an, sieh, was ich kann!* Es möchte wunderbar, gut und genau richtig sein. Loben Sie es und danken Sie ihm, sooft Sie können, wenn es richtig gehandelt hat. Dadurch werden sein Selbstgefühl und Selbstbild gestärkt. Das Kind ist leichter für etwas zu begeistern und bereit, etwas noch mal zu versuchen, wenn Erwachsene es anschauen.

6. Ich bin 5–6 Jahre alt, kriege ich Freunde?

In der Freundphase streben Kinder nach der Freundschaft mit anderen Kindern. Gleichzeitig trainieren sie Streitsituationen und Sich-Vertragen, Machtgebrauch und den Willen der anderen zu tolerieren. Das Kind lernt die Regeln von Freundschaft, wie man einen Freund bekommt und eine Freundschaft erhält. Die Erfahrung von Ausgeschlossensein und Einsamkeit tun weh. Das Kind lernt, andere Menschen wahrzunehmen und seine Gefühle zu regulieren, und erkennt, wenn jemand gequält wird.

7. Ich bin 6–7 Jahre alt und habe geheime Gedanken und Erfahrungen

Das Kind entdeckt, dass man Dinge verheimlichen kann, und vernimmt auch die Stimme des eigenen Gewissens. Vielleicht erlebt es zum ersten Mal etwas Verbotenes, zum Beispiel, wenn jemand etwas stiehlt oder lügt. Kinder bemühen sich, das Geheimnis für sich zu behalten, und beschließen, mit wem sie es teilen. Das Kind lernt, sich mit seinem Gewissen auseinanderzusetzen, und probiert aus, ob es sich unterdrücken lässt. Von Zeit zu Zeit sucht das Kind Abstand und Alleinsein.

8. Ich bin 6–9 Jahre alt und Teil einer Gruppe

Die Bedeutung des Freundeskreises wächst und Freunde können ein Kind auch dazu bringen, etwas Verbotenes zu tun. Das Kind beobachtet, wie Machtanwendung und Gewalt in einer Gruppe funktionieren. Es tut weh, wenn man gemobbt wird. Für das Kind ist es wichtig, zu einer Gruppe von anderen Kindern zu gehören, und der Zuspruch der Eltern steht nicht mehr an erster Stelle. Gerechtigkeit, die Bedeutung von Regeln, die Berücksichtigung anderer Menschen und der Gebrauch von Macht in einer Gruppe werden erlernt.

9. Ich bin 9–11 Jahre alt und will mich beweisen

Für das Kind ist die Anerkennung durch andere Kinder wichtig. Es möchte sein eigenes Können und seine Fähigkeiten trainieren. Das Kind fängt ein neues Hobby an und der Drang, sich zu messen, der Wille zu gewinnen und der Wunsch, etwas zu zeigen, nehmen zu. Freundschaftsbeziehungen fangen an, herzzerreißend schwierig zu werden, vor allem wenn sie zerbrechen. Das Kind möchte zeigen, dass es zurechtkommt und in einigen Dingen gut ist. Vor allem strebt es nach Bewunderung durch andere Kinder.

10. Ich bin 10–12 Jahre alt, bin ich gut genug?

Das Kind (der Pre-Teen) fühlt sich unwohl mit den Veränderungen an seinem Körper, ist unsicher und verwirrt. Anfangs versucht das Kind zu gefallen und hält an seinem Kleinsein fest. Unsicherheit und Verwirrtheit prägen mitunter die gesamte Erscheinung des Kindes, vor allem, wenn es nicht weiß, wie es sein soll, und versucht, sich so zu verhalten wie die anderen. Unterstützung und Anerkennung sind sehr wichtig und der Pre-Teen kann auch ausgesprochen hilfsbereit und freundlich sein. Irgendwo in seinem Inneren keimt schon Verwirrung darüber, dass sich alles verändert und keiner weiß, was als Nächstes kommt.

11. Ich bin 10–14 Jahre alt, bin ich seltsam?

Das Kind (der Pre-Teen) ist manchmal ein großes und manchmal ein kleines Kind. Es verbirgt den eigenen Körper unter einem riesigen Pulli und versteckt sein Gesicht unter einem Basecap/einer Mütze, hinter einem langen Pony oder Make-up. Hin und wieder kleidet und verhält es sich noch wie ein kleines Kind. Das Selbstwertgefühl bekommt leicht Macken und viele empfinden, dass sie die falsche Größe haben oder falsch aussehen. Für das Kind ist es oft so, als wäre der eigene Körper nicht der eigene. Nörgeleien am Aussehen nehmen im Freundeskreis zu.

12. Revolution im Alter von 12–15 Jahren

Traditionen, stabile Umstände und der sichere Vertraute sind für junge Teenager nicht mehr so wichtig wie früher. Trotz und Machtwille erwachen. Das neue Gefühl von Stärke mildert das Erleben von Unsicherheit und Verletzlichkeit ab. Das entkoppelt auch von der sicheren Umgebung des Zuhauses und führt den jungen Menschen in die Gesellschaft Gleichaltriger. Risiken eingehen und die Suche nach Erfahrungen faszinieren. Der Erwachsene sollte die Ausbrüche eines Pre-Teens nicht persönlich nehmen, sondern auch dann diskursorientiert und anleitend sein, wenn es das Kind nicht ist.

13. Kosmische Einsamkeit im Alter von 13–16 Jahren

Der Teenager kann Einsamkeit als höchst belastend erleben. Er leidet unter dem Gefühl der Ablösung und der Einsamkeit so, als ob er in einer vollkommen anderen Welt leben würde als sein Freund/seine Freundin – oder als irgendein Mensch sonst. Er schwankt zwischen zwei Alternativen: Soll er sich an den nahestehenden Erwachsenen oder den gleichaltrigen Freund wenden? Das eigene Leben und die Zukunft wirken reizvoll, aber gleichzeitig auch angsteinflößend. Der junge Mensch hofft, dass er einen guten Freund/eine gute Freundin und Seelenverwandten hat, bei dem/der er sich nicht zu verstellen braucht.

14. Provokation im Alter von 14–17 Jahren

Der Jugendliche überspielt seine Unsicherheit durch Großtuerei und Widerspenstigkeit. Er fordert die Erwachsenen zu immer strengerer Grenzziehung heraus. Außerdem testet er/sie mögliche Grenzen der eigenen Machtausübung und ob sich die Erwachsenen wirklich um ihn Sorgen machen. Der Jugendliche strebt nach Eigenständigkeit und Verschiedenheit, indem er/sie genau zu dem Gegenteil von dem wird, was die Eltern von ihm/ihr erwarten. Manchmal testet er auch, ob vertraute Erwachsene ihm Widerstand oder Sicherheit bieten können. Dabei sammelt er Mut, um eines Tages ein selbstständiger Mensch zu werden.

15. Stark in der Gruppe im Alter von 14–18 Jahren

Der Jugendliche schließt sich einer unbekümmerten Clique an und sucht dadurch Schutz bei deren Stärke. Er erkundet, wie Verantwortung innerhalb der Gruppe geteilt wird. In der Gesellschaft seiner Freunde fühlt er sich mehr eins mit sich und gewappneter. Er glaubt, seine Freunde verstehen ihn und kümmern sich um ihn. Es kann vorkommen, dass die Werte der Peergroup über die eigenen Werte und die Regeln der Familie gestellt werden.

16. Respektiere mich im Alter von 16–19 Jahren

Der junge Mensch verhält sich immer mehr wie ein Erwachsener und fordert für sich Respekt und eine gleichberechtigte Behandlung ein. Er löst sich nach und nach aus der Gruppe Gleichaltriger, trifft individuelle Lebensentscheidungen und wägt selbstständig die eigenen Werte ab. Für Jugendliche in diesem Alter ist es von besonderer Wichtigkeit, dass sie gleichberechtigt behandelt und nicht mehr als Kind betrachtet werden. Er/Sie ist auf dem Weg zu eigenen Zielen.

17. Im Alter von 18–25 Jahren fliege ich aus dem Haus

Der Jugendliche entfernt sich von seinen Eltern und beide Seiten sind mitunter voneinander genervt. Zum Schluss fühlt der Jugendliche den Zwang, das eigene Zuhause zu verlassen, weil er hier das Gefühl hat, immer wieder zum Kind zu schrumpfen. Mut hat er bereits genug gesammelt und kann nun eigene Wege beschreiten. Er kommt alleine klar.

18. Als Erwachsener auf eigenen Füßen

Die Fähigkeit des jungen Menschen, auf eigenen Beinen zu stehen, seine Eigenständigkeit und Unabhängigkeit sind jetzt auf dem Niveau eines Erwachsenen und er/sie kann nun zum vollwertigen Mitglied der Gesellschaft werden.

---

0. DIE STUFE VOR DER GEBURT

Die emotionalen Kompetenzen der Eltern bereits vor der Schwangerschaft vermehren das Wohlbefinden des Babys. Die Zeit der Schwangerschaft ist wichtig für die Entwicklung des Gehirns und die Regulierung der Emotionen. Glück und Freude während der Schwangerschaft sind zum Besten des Kindes. Die werdende Mutter und die ganze Familie sollten alle Möglichkeiten nutzen, um diese Zeit ruhig zu gestalten und zu genießen und so oft wie möglich eine entspannte Zeit miteinander zu verbringen. Stresshormone wirken über die Plazenta direkt auf die Gefühlssteuerung im Gehirn und die Gene des Kindes in der Gebärmutter. Ebenso verhält es sich mit den Glückshormonen.

Das nähere Umfeld der Familie sollte großzügige Unterstützung und Trost anbieten, denn die vielen offenen Fragen, Verantwortungen und Hormonveränderungen während der Schwangerschaft wirken sich auf alle aus. Das Gefühl von Sicherheit, Unterstützung und alles, was Sorgen oder Betrübnis reduziert, sind von Vorteil.

1. ICH BIN 0–1 JAHRE ALT, KÜMMERE DICH UM MICH!

Das Baby ist hilflos. Gefühle und Erfahrungen sind etwas Überraschendes und Verwirrendes, manchmal auch etwas Furcht Einflößendes. Das Baby weint oft und wird schnell unzufrieden. Es ist beharrlich und ausdauernd und teilt sofort mit, wenn irgendetwas nicht stimmt. Es braucht oft Hilfe, Trost und Beruhigung. Allein ist es machtlos gegenüber seinen Gefühlen und auf einen Menschen angewiesen, der ihm Sicherheit gibt.

Schon Babys haben ihren eigenen Charakter. Ein temperamentvolles Kleines wird oft Verdruss zeigen und schreien. Ein ruhigeres Kind signalisiert seine Gefühle mit kleineren Gesten.

Die Entwicklung des Gehirns geht schnell vonstatten. Das Baby lernt in seinem ersten Lebensjahr mehr als jemals wieder in seinem Leben innerhalb eines Jahres. Es erlernt neben Sprache, Musik und Bewegung auch Mimik und Gefühle zu deuten und diese auch selbst zu kommunizieren.

Gedanken für die Eltern

Babys brauchen viel Trost, Lächeln, Berührung, körperliche Nähe und Freude. Das alles sagt dem Baby, dass es gewollt, wichtig und in Sicherheit ist. Abhängig vom Naturell des Babys braucht es unterschiedlich viel Beruhigung. Jedes Baby ist anders und dagegen kann man nichts tun. Liebevolles In-die-Arme-Nehmen und eine positive Einstellung sind die Grundlage für eine enge Bindung und ein gesundes Selbstgefühl.

Gemeinsames Lachen, liebevolles Zureden, Auf-den-Schoß-Nehmen, Streicheln und Tätscheln stärken das Gefühl des Babys dafür, dass es gut und angenommen ist. Das Baby lernt, darauf zu vertrauen, dass es gehört und beschützt wird und dass es nicht ununterbrochen in Sorge zu sein und zu weinen braucht. Dann lernt es auch schneller, mit Lauten zu kommunizieren und nicht immer nur zu schreien. Berührungen, Mimik und Sprache stärken das Selbstgefühl des Babys und tragen zur Ausbildung der Körperwahrnehmung bei.

2. ICH BIN 1–2 JAHRE ALT UND EIN UNERMÜDLICHER FORSCHUNGSREISENDER

In diesem Alter ist das Kind neugierig auf seine Umgebung. Es will erforschen und hat ausreichend Energie und Schwung dafür. So baut es seine Fähigkeiten und seine Geschicklichkeit aus. Die Eltern sollten sich mit überflüssigen Verboten zurückhalten. Das Kind will alles anfassen und ausprobieren, was es erreichen kann. Es wird auch alles kosten, was es in die Finger bekommt. Das Kind übt Körperbeherrschung, die Zusammenarbeit von Augen und Händen, Gleichgewicht und die Wahrnehmung von Gegenständen. Das Üben erfolgt im Wechsel von Versuchen und Irrtümern. Ein munteres Kind strotzt vor Energie und Forscherdrang. Es braucht ununterbrochen die Aufsicht durch einen Erwachsenen.

Das Naturell eines Kindes zeigt sich in der Art, Gefühle auszudrücken. Das eine ist schnell in seinen Bewegungen und zeigt seinen Ärger mit lauter Stimme, ein ruhigeres Kind spielt am Platz und teilt seine Stimmungen mit kleinen Gesten mit. Das Gefühl ist dennoch bei beiden gleich groß.

Die Art, seine Wut zu zeigen, ist unbeherrscht. Wenn das Kind wütend ist, dann haut es instinktiv oder schlägt etwas kaputt, kann sich aber auch zurückziehen und weinerlich sein.

Gedanken für die Eltern

Gefährliche Stellen und Gegenstände sollten aus dem Umkreis des Kindes entfernt werden, denn ständige Verbote sind schädlich und ärgerlich. Der Tadel des Erwachsenen mag dem Kind völlig unverständlich und unfair erscheinen. Strenge und Einschüchterung schaden ihm. Stellen Sie ihm stattdessen viele sichere Plätze und Gegenstände zum Untersuchen zur Verfügung.

Führen Sie es sanft auf seiner Erkundungstour durch die Umgebung. Leiten Sie es ebenso sanft an, Angst, Ärger und Wut zu ertragen. Oft hilft es, die Aufmerksamkeit des Kindes auf etwas Angenehmes zu lenken.

Stößt sich das Kind den Kopf an der Tischkante, erschrickt es sich oder tut es sich weh, dann weint es. Weinen beinhaltet eine Frage an den Erwachsenen: »Gibt es eine Gefahr oder Not?« Bleibt der Erwachsene ruhig und sagt: »Keine Panik, das war nur die Tischkante, beim nächsten Mal klappt es besser«, wird das Kind aufhören zu weinen und sich beruhigen. Außerdem gewinnt es an Mut und neuen Fähigkeiten, Situationen zu meistern. Nach Rückschlägen sollte man nicht stehen bleiben, sondern es gleich noch einmal versuchen. Der Tisch ist nicht böse und die Welt nicht dumm. »So ist das Leben, manchmal geht alles schief!«

Hindern Sie Ihr Kind sanft daran, sich oder andere in Gefahr zu bringen. Sprechen Sie für das Kind seine Gefühle laut aus, ohne eine große Nummer daraus zu machen. Das Kind lernt ein Verbot verstehen, wenn Eltern ruhig und lächelnd sagen »Nein« und dabei die Tat verhindern und die Hände des Kindes zu erlaubten Sachen führen. Dann empfindet das Kind die Grenzziehung nicht als barsch, sondern als Richtungsänderung hin zu erlaubten Dingen. Forscherdrang und Vertrauen in die Sicherheit der Umgebung sollten gestärkt werden. Das ist eine positive Kraft, die vor Depression und Niedergeschlagenheit schützt.

Der Erwachsene schützt, hindert und lenkt das Kind sanft, wenn es zum Beispiel etwas kaputt gemacht hat. Man darf sich natürlich auch ärgern, das ist nicht verboten. Vermeiden Sie allerdings sinnlosen Ärger, weil die Wut eines Erwachsenen Angst einflößt. Beruhigen Sie die Situation durch eine zarte Berührung und indem Sie auf Höhe des Kindes in die Hocke gehen. Mimik und Tonfall sind für ein Kind häufig wichtiger als Worte. Manche Kinder wollen nicht, dass man sie anfasst, wenn sie wütend sind. Die meisten allerdings wollen in den Arm genommen und getröstet werden. Nach und nach nimmt sich das Kind ein Beispiel an der ruhigen Art der Erwachsenen, mit Verärgerung umzugehen.

Behüten Sie das Gefühl eines fröhlichen Miteinanders. Es lohnt sich, gemeinsam mit dem Kind über dessen Forscherdrang zu jubeln, sich zu freuen und zu staunen. Alles ist staunenswert und spaßig. Der Erwachsene sagt dem Kind durch eine frohe Miene, beruhigende Worte und eine sanfte Berührung, dass es richtig und akzeptiert ist. Das Kind wird gestärkt, wenn es in seinem Leben mehrere bekannte und sichere Erwachsene, und gern auch Kinder, gibt.

Das Kind muss erst viele Jahre klammern und scheu sein, bevor es langsam in die Eigenständigkeit wachsen kann. Mutig kann nur werden, wer zuerst klein und schwach sein durfte. Der Angst kann man begegnen und neue Dinge wagen, aber nur mit einem Erwachsenen. Machen Sie Quatsch und verbringen Sie viel fröhliche Zeit miteinander, das ist eine Investition in die Zukunft und das Wohlergehen Ihres Kindes. Wichtig ist, dass alle Kinder positive Aufmerksamkeit und viel entspannte, gemeinsame Zeit erleben. Dann fühlt das Kind, dass sich der Erwachsene in seiner Gesellschaft wohlfühlt, und es fühlt sich angenommen, genau so, wie es ist. Ein Erwachsener, der Zeit mit seinem Kind verbringt, stärkt dessen Selbstgefühl und Gefühlssteuerung. Diese Fähigkeit sowie das Selbstwertgefühl bilden sich in der gemeinsam mit anderen Menschen verbrachten Zeit heraus.

BERÜHRUNG BERUHIGT

Alle Kinder wollen die Aufmerksamkeit der Erwachsenen. Berühren Sie das Kind und sprechen Sie ruhig zu ihm, dann bekommt es genau die Aufmerksamkeit, nach der es sich am meisten sehnt. Eine aufmunternde, sich oft wiederholende Berührung ist ein direktes Mittel, um die Gefühlssteuerung, das Selbstgefühl und das Wohlergehen des Kindes zu stärken. Auch ein lächelndes Gesicht und ein sanfter Gesichtsausdruck stützen es in seiner Entwicklung.

Eine Umarmung, Auf-den-Schoß-Nehmen, ein Streicheln und Auf-den-Rücken-Klopfen sind auch bei älteren Kindern noch sehr lohnende und stimulierende Gesten. Ein »Mangel an Berührung« steht sehr oft hinter Unruhe und Gereiztheit von Kindern und Jugendlichen.

Ein Kind mitten im Gefühlsaufruhr erreicht man durch feste, aber freundliche Berührung. Ein sicherer und fester Griff an den Schultern oder Händen beruhigt. Eine bewusste lange, feste Berührung ist besser als wiederholtes Streicheln oder Drücken.

Manchmal ist es angeraten, ein tobendes Kind in die Arme zu nehmen und festzuhalten, damit es nichts kaputt macht oder sich und andere verletzt. Viele beruhigen sich in einer Umarmung. Summen mit tiefer Stimme und rhythmische Bewegungen helfen dem Kleinkind, sich zu beruhigen.

Manchmal will das Kind erst in Ruhe alle Wut austoben und wird nur noch wütender, wenn ein Erwachsener es berührt oder es anspricht. Dann wird physischer Kontakt es nicht beruhigen, sondern ihm Angst einjagen. In dem Fall vermehrt man seinen Gefühlsaufruhr nur, wenn man es auf den Schoß nimmt oder berührt.

Ein Kind in Panik oder im Zustand eines emotionalen Überfalls darf man auf keinen Fall ohne Hilfe sich selbst überlassen. Das Wichtigste ist, sicherzustellen, dass das Kind nicht sich oder andere verletzen oder etwas zerstören kann. Ein Erwachsener muss eingreifen können, sollte aber seine Hilfe nicht aufdrängen. Erst wenn das Kind sein Gefühl rausgelassen hat, kann man zusammen über die Situation sprechen und eventuell eine bestätigende Berührung anbieten.

3. ICH BIN 2–3 JAHRE ALT UND WILL WOLLEN

Schon bald beginnt das Kind, seinen Willen zu zeigen. Die Willensphase ist eine Zeit starker Gefühle und für die Entwicklung des Selbstgefühls und des Ich-Bildes des Kindes sehr wichtig. Ein willensstarkes Kind kann überraschend emotional sein, weil die Entwicklung des Gehirns noch nicht abgeschlossen ist. Oft befindet sich das Kind selbst in einer Zwickmühle mit seinem Willen. Sich daran zu gewöhnen und der Einsatz des Willens ist Teil dieser wichtigen Lebensphase.

Das Kind will jetzt nicht mehr das Gleiche wie die Erwachsenen. Es merkt, dass es viele Dinge selbst beeinflussen kann. Indem es »Nein« und »Ich will nicht« sagt, drückt es aus, dass es zumindest das nicht will, was der Erwachsene anbietet. Oft weiß es selbst nicht oder kann nicht sagen, was es will, und das macht es wütend. Die Gefühle können schnell von einer Seite auf die andere überschwappen. Aber es ist eine gute Sache, dass das Kind schon mit Worten seinen Willen ausdrücken kann. Das ist ein großer Schritt nach vorn und ermöglicht, mit dem Kind langsam über Dinge zu sprechen. Ein kleineres Kind würde sich das, was es will, einfach nehmen. Wenn das Kind aber stattdessen sagen kann: »Ich will Spielzeug!«, dann erkennt und verkündet es seinen Wunsch in Worten, anstatt direkt zu handeln.

Im Willensalter bekommt das Kind immer mehr Mut und Fähigkeiten. Manchmal will es etwas aus reiner Freude am Wollen. Es will ausprobieren, was es alles schon allein entscheiden kann. Wenn etwas nicht so läuft, wie das Kind es sich vorstellt, wird es zornig und versucht mit allen Mitteln seinen Willen durchzusetzen. Das Gefühl des Kindes kocht hoch und rutscht leicht in den Zustand eines emotionalen Überfalls hinein (Seite

30). Wenn ein Kind seinen Willen ausdrückt, dann lernt es, dass es ein eigenes Selbst ist, ein anderer Mensch als alle anderen. Das Kind hat seine eigenen Grenzen, aber auch die Möglichkeit, auf Dinge in der Familie Einfluss zu nehmen.

Die Heftigkeit der Gefühle übersteigt häufig die Fähigkeit des Kindes, sich zu beruhigen.

Gedanken für die Eltern

Unterstützen Sie Ihr Kind, indem Sie laut sagen, was es will. Hören Sie zu, akzeptieren Sie und sprechen Sie mit dem Kind über seine Gefühle. Es ist wichtig, dass Sie Ihrem Kind zeigen, wie sehr Sie es schätzen, wenn es seinen Willen verbal ausdrückt. Erwachsene sollten in diese Phase investieren und vor allem üben, sich selbst zu beruhigen. Sich streiten und genauso laut schreien wie das Kind ist ein schlechter Erziehungsstil und lebt dem Kind verhängnisvolle Verhaltensmuster vor. Dauerndes Streiten sorgt dafür, dass bei allen ein unangenehmes Bild vom Kind und dem Miteinander entsteht. Vermeiden Sie ständiges Nein-Sagen, das lähmt das Kind unnötig. Ein starker Wille zeugt von Durchhaltevermögen und Ausdauer.

»Nein«, »Tu das nicht!«, »Das darfst du nicht« sind Worte, die das Kind vom Erwachsenen nicht gern hören will. Die Wiederholung von Verboten führt leicht zu einer noch größeren Gefühlswallung beim Kind. Das ist ein guter Moment für den Erwachsenen, selbst zu lernen, positive Worte zu wählen. Sagen Sie, was das Kind tun darf, statt Verbote zu wiederholen. Es ist besser zu sagen: »Jetzt kannst du dich an meinem Bein festhalten und fest drücken. Wenn du magst, kannst du singen, während ich dem Baby die Windeln wechsle. Weißt du noch, was wir dem Baby vorgesungen haben? Danke für deine Hilfe!« Solche Worte machen die Situation für alle leichter, nicht aber, wenn Sie schreien: »Jetzt kannst du nirgendwohin gehen. Du musst jetzt hören. Sei artig! Bleib hier! Nein!«

Ist das Kind müde oder hungrig, wird das Wollen schnell zu einem Zwang. Dann hilft es oft, die Aufmerksamkeit auf etwas anderes zu lenken. Sorgen Sie für ausreichend Ruhe, genug Schlaf, Auszeiten, regelmäßige Mahlzeiten und ausreichend Bewegung. Das alles hilft bei der Beherrschung seiner Gefühle. Spiele und Unterhaltung über Tablet und Smartphone mögen das Kind zwar ruhig halten, vermehren aber seine innere Unruhe und vermitteln keinerlei emotionale Kompetenzen.

Um wiederkehrenden Streit beim Anziehen zu vermeiden, kann man die Abläufe in Form eines Comics an die Wand kleben. Jeder Fortschritt wird mit Lob belohnt. Das Kind kann bei der Kleidung nach der Farbe gefragt werden, die es gern anziehen möchte. Vermeiden Sie aber zu viele Alternativen, das verwirrt das Kind. Besser ist es, nur zwei anzubieten, zwischen denen es wählen kann. Fragen Sie, ob es die blaue oder die rote Mütze aufsetzen will. »Du kannst es dir aussuchen!« Betonen Sie die Möglichkeit des Kindes, sich eine Farbe auszusuchen, anstatt darauf herumzureiten, dass es eine Mütze aufsetzen muss! So verstärkt sich beim Kind die Erfahrung, dass sein Wunsch gehört wird. Auch das Kind kann entscheiden und sein Wille ist etwas Gutes.

Ist man in Eile, kann der Wille des Kindes lästig sein. Hier muss der Erwachsene die Kontrolle seiner eigenen Gefühle üben. Wenn Sie in Stresssituationen frustriert und leicht gereizt sind, überlegen Sie, ob Sie das Gefühl haben, dass man Sie nicht genug schätzt. Suchen Sie sich Wertschätzung und Unterstützung durch andere Erwachsene. Vermeiden Sie, Ihre Gereiztheit und Ihren Stress auf das Kind zu übertragen. Denken Sie an die Farben der Ampel (Seite 32–33) und Beruhigendes (Seite 193).

Atmen Sie tief ein und seien Sie in Gegenwart des Kindes so ruhig wie möglich. Die emotionale Entwicklung des Kindes braucht Ihre Unterstützung, es steht ja erst am Anfang der Entwicklung seiner Gefühlskontrolle. Müssen Sie sich wirklich beeilen, dann schließen Sie freundlich, aber bestimmt Kompromisse. Dann können Sie Ihr Kind schon einmal hochheben, sich die Draußensachen schnappen und feststellen: »So, jetzt müssen wir aber gehen.«

Sie sollten Ihrem Kind gegenüber begründen, wenn es etwas, das es will, nicht tun oder bekommen kann. Ist es mitten im Gefühlsaufruhr, wird das Kind allerdings nicht in der Lage sein, zuzuhören oder Erklärungen zu akzeptieren, geschweige denn zu verhandeln. Warten Sie, bis es sich beruhigt hat. Man kann sich für das Kind immer neue erlaubte Sachen ausdenken, zwischen denen es wählen kann: »Gehen wir nach dem Einkaufen zu Fuß nach Hause oder fahren wir mit dem Bus? Möchtest du den Einkaufswagen schieben?« Hat man es eilig, ist das häufig der schnellste Weg, die Situation zu lösen.

Es ist wichtig, dass der Erwachsene entschieden agiert – ohne wütend zu werden oder über den Willen oder das Gefühl des Kindes zu lachen. Es schadet dem Kind, es zu demütigen oder zu beschuldigen. Es ist kein Witz, dass ein Kind unwissend und unvermögend ist. Ein Kind ist nicht dumm, sondern gerade so fähig, wie es seiner Entwicklungsphase entspricht. Ein Kind ist genau richtig und vollkommen so, wie es ist. Ein Kind lernt genau die Dinge, die es seinem Alter entsprechend lernen und üben sollte. Ein wertschätzend erzogenes Kind wird lernen, sich und andere zu achten.

Das Wichtigste ist, dass der Erwachsene niemals gewalttätig agiert. Wenn man das Kind anschreit oder ihm wehtut, gibt man ihm lediglich zu verstehen, dass ein derartiges Verhalten gestattet ist. Der Trotz eines Kindes klingt ab, wenn der Erwachsene sich beruhigen kann. Nach und nach wird das Kind lernen, seine Gefühle und sein Verhalten auch dann zu regulieren, wenn die Dinge nicht so laufen, wie es das gern hätte. Doch das nimmt einige Zeit in Anspruch. Verständnisvolles Reden hilft dem Kind, die richtigen Worte und Mittel zu finden, um seine Gefühle zu steuern.

Oft kann der Wille des Kindes und der dadurch hervorgerufene Gefühlsausbruch abgefedert werden, indem man seine Worte wiederholt. Das hilft ihm, mit seinen Gefühlen klarzukommen. Wiederholen Sie die Worte des Kindes laut, zeigen Sie ihm, dass Sie seinen Wunsch hören und sein Gefühl akzeptieren, auch wenn sein Wunsch nicht umgesetzt werden kann. Das beruhigt. Sagen Sie beispielsweise laut: »Du möchtest die Mütze nicht aufsetzen.« Das bedeutet keineswegs, dass Sie dem Verlangen des Kindes nachgeben, sondern nur, dass Sie es gehört haben. Dann kann sich der Aufruhr legen. Fragen Sie das Kind dann, welches Paar Handschuhe es will, und wenn diese gewählt sind, fragen Sie noch einmal, ob es die rote oder die blaue Mütze möchte. So wird die Aufmerksamkeit des Kindes auf neue, interessante Aufgaben gelenkt.

Ein Machtkampf sollte immer vermieden werden. Starke Gefühle und wütend zu werden gehören zur kindlichen Entwicklung. Schwierige Gefühle und Entscheidungen überfordern es oft und dann braucht es Hilfe. Aufgabe des Erwachsenen ist es, das Kind zu beschützen und sanft und ruhig dessen Gefühlsaufruhr und schädliches Verhalten einzudämmen. Es darf niemandem wehgetan und nichts kaputt gemacht werden. Um ein Gefühl von Sicherheit zu vermitteln, reicht es oft schon, in der Nähe des Kindes zu bleiben. Sie können auch etwas Harmloses vorschlagen: »Hüpf mit beiden Beinen! Stampf mit dem Fuß auf! Schrei ins Wutkissen!« Schauen Sie sich die Aufgabe auf Seite 130 an: *Wie man den* Ärger *auflösen kann.*

Ein Kind mit einem starken Willen ist etwas Gutes. Wer etwas will, hat viel Lebenskraft und schätzt sich. Entschlossenheit braucht man im Leben, das sollte unterstützt und gestärkt werden. Halten Sie es aus, dass das Kind erst lernt, die richtige Ausdrucksweise zu finden.

UND WAS DARF MAN TUN?

Das unangenehme Gefühl mitten in einem Wutanfall verwirrt Kopf und Verstand beim Kind weitaus leichter als beim Erwachsenen. Das Gefühl des Kindes kann sehr ganzheitlich und stark sein und die Fähigkeit des Kindes, vernünftig zu überlegen, einschränken. Ein starkes Gefühl kann auch bei einem Erwachsenen den Verstand verdrängen. An sich verständliche Aufforderungen wie »Beruhige dich! Sei artig! Reg dich nicht auf! Mach, was ich sage! Sei nicht frech! Sei doch vernünftig!« helfen dann nicht.

Ist ein kleines Kind wütend, tut es das, was ihm als Erstes in den Sinn kommt. Es schubst, tobt oder rennt weg. Das Gefühl lenkt das Verhalten. Das Kind kann noch nicht anders. Es reagiert instinktiv, das Gehirn befindet sich in einer Notsituation und in Panik, wodurch klares Denken verhindert wird.

Vielleicht schlägt oder beißt ein kleines Kind, wenn es wütend ist. Es kann noch nicht besser agieren. Verhindern Sie eine schädliche Tat oder schädliches Verhalten entschieden. Aber erkennen Sie an, dass das Kind das Bedürfnis hat, sein Gefühl auch in Taten abzureagieren. Ein Gefühl braucht nicht verheimlicht oder unterdrückt zu werden, doch wehtun oder zerstören darf man nicht. Es gibt jedoch viele Dinge, die erlaubt sind, wenn man wütend ist. Dem Kind fallen sie nur nicht ein. Bei keinem Menschen funktioniert der Verstand, wenn er sich inmitten eines Gefühlsaufruhrs befindet. Leiten Sie Ihr Kind an.

Bei einem ganz kleinen Kind kann man beispielsweise die Hände in die eigenen nehmen und sagen: »Hände schlagen nicht, sondern streicheln. So! Streicheln macht, dass wir uns gut fühlen und fröhlich sind!« Lächeln Sie, umarmen Sie und danken Sie einem Kind, das auf diese Art und Weise eine Katze, ein anderes Kind oder einen Gegenstand streichelt. Oder man sagt: »Der Mund beißt nicht, sondern gibt Küsschen. Küsschen machen, dass wir uns gut fühlen und fröhlich sind!« Danken Sie dem Kind, wenn es streichelt oder küsst. Alle Kinder wollen gemocht werden und andere erfreuen. Unsere Aufgabe ist es, ihnen Dinge zu zeigen, mit denen sie anderen eine Freude machen können.

Bei schädlichem Verhalten sollte sofort eingegriffen, es sollte verhindert und verboten werden. Dabei sollte das Kind sanft beruhigt und die Situation gesichert werden. Gleichzeitig kann man das Kind dazu bringen, etwas Erlaubtes zu tun, wenn es wieder in der Lage ist, einen Rat zu hören und zu verstehen. »Renne in die Küche und zurück! Hüpf auf dem Trampolin! Klettere zehn Mal auf den Baum und wieder runter! Schrei ins Kissen! Zerreiß die Zeitung hier!« Auf das Verbot folgt ein Hinweis, eine Grenzziehung ist eine Richtungsänderung und keine Einbahnstraße. Derartiges Handeln kann man beispielsweise als »sicheres Toben« bezeichnen. Erst wenn es älter wird, lernt das Kind, seine Gefühle mithilfe der Gedanken zu beruhigen.

In schwierigen Momenten braucht das Kind einen positiven Erwachsenen, der nicht selbst durchdreht, wenn das Kind es tut. Einen Erwachsenen, der nicht lospoltert, wenn das Kind tobt, sondern das wütende Kind in richtige Bahnen lenkt. Es bedarf vieler unterschiedlicher Ideen, wenn es darum geht, ein tobendes Kind dazu zu bringen, seine Aufmerksamkeit auf etwas anderes, Gefahrloses zu richten. Die wichtigste Aufgabe für einen Erwachsenen ist, bei dem Kind zu bleiben und aufzupassen, dass nichts Schlimmes passiert, niemand verletzt wird und nichts Unwiderrufliches geschieht.

Am effektivsten ist es, mit dem Kind gemeinsam zu planen und zu üben, was es tun kann, wenn es wütend wird. Das Kind kann selbst überlegen, wo es bei einem Wutausbruch hingeht und was es tut. Diese Fähigkeit kann eingeübt werden, indem das Kind möglichst oft und möglichst vielen verschiedenen Personen zeigt, was es vorhat, wenn die Wut kommt. Im Fall eines Wutanfalls kann man das Kind durch ein vorher vereinbartes Wort oder eine einfache Geste daran erinnern.

BEISPIEL VOM ZEICHNEN DER GEFÜHLE

Ein Vorschulkind war noch nicht im Geringsten in der Lage, seine Gefühle zu regulieren. Es wurde leicht wütend und reagierte wie ein Kleinkind. Wenn es wütend war, stieß es Stühle um und schmiss mit Dingen. Der Lehrer hat alles versucht, aber die Situation hat sich ein ums andere Mal wiederholt. Dann hatte der Lehrer die Idee, zur Tafel zu gehen und Strichmännchen anzuzeichnen. Er zeichnete das Geschehene wie einen Comic und sprach dazu laut: »Jetzt ist das Kind so wütend, dass es Stühle umschmeißt. Es ärgert sich und jetzt schmeißt es Dinge durch die Gegend!«

Es dauerte nicht lange und das Kind hielt inne und sah zu, was der Lehrer da tat. Dann sagte der Lehrer: »Jetzt hat es sich beruhigt und schaut die Zeichnungen an. Sein Gefühlsausbruch ist sicher gleich vorbei.« Das Ganze wiederholte sich ein paar Mal so und jedes Mal beruhigte sich das Kind ein bisschen schneller.

Eines Tages ist das Kind selbst zur Tafel gegangen, als es wieder wütend war, und hat angefangen Strichmännchen zu zeichnen und dabei gesagt: »Ich bin so wütend, dass ich am liebsten treten und Stühle umschmeißen und schreien würde!« So konnte dem Kind schließlich doch noch geholfen werden, seine schnell und heftig aufkochende Wut in den Griff zu bekommen. Es brauchte jetzt nicht mehr zu toben und Schaden anzurichten, wenn es wütend war, sondern hatte ein anderes Verfahren gezeigt bekommen, sein Gefühl in Bilder und Worte zu kleiden.

Oft lohnt es sich, das Kind selbst zu fragen, welche Idee, welche Worte oder Dinge ihm helfen können, sich zu beruhigen, wenn es wütend wird.

Wie man den Ärger auflösen kann

Überlegen Sie gemeinsam mit dem Kind Ersatzmittel und -dinge, die es tun kann, statt Dinge kaputt zu machen oder anderen wehzutun. Schreiben Sie sie auf. Alles ist erlaubt, solange niemandem wehgetan und nichts kaputt gemacht wird.

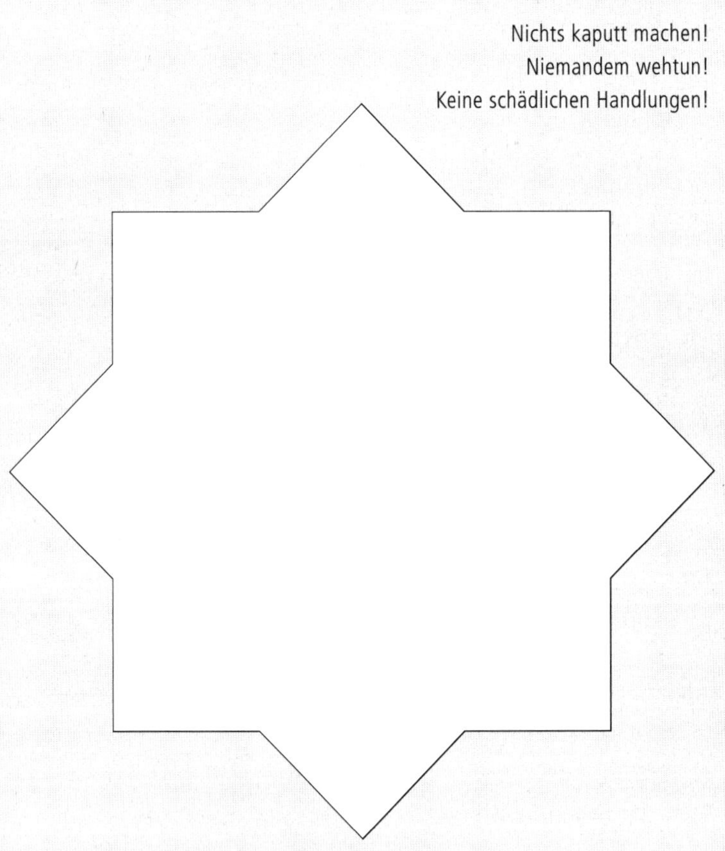

Zeichnen Sie das Gefühl gemeinsam mit dem Kind

Wie könnte Wütendsein aussehen? Vielleicht wie ein Blitz oder Gewitter, wie ein Sturm oder ein Farbklecks? Oder könnte es auch irgendein Tier sein?

Bitten Sie das Kind, auch die wilden Tiere der Eltern, der Geschwister oder der Freunde zu zeichnen. Wie fühlen sich diese nahestehenden Menschen an, wenn sie richtig wütend sind?

Sie können dem Kind auch von anderen Tieren Ihrer Familie erzählen oder sie zeichnen. Es schadet auch nichts, sich die Merkmale des Wütendseins Ihrer Eltern vor Augen zu führen. Wie Furcht einflößend oder Sicherheit spendend haben Sie deren Tiere empfunden, als Sie selbst ein Kind waren?

Was könnte Ihr »sicheres Toben« sein?

Wenn das Kind sieht, dass der Erwachsene wütend ist, aber nichts Zerstörerisches, Drohendes oder Angsteinflößendes tut, lernt das Kind, sich ähnlich zu verhalten. Lesen Sie das »Verhaltensbeispiel eines Erwachsenen« auf Seite 40. Denken Sie sich fünf Ausgleichshandlungen aus, die zu Ihnen passen und die Sie anwenden könnten, wenn Sie das nächste Mal wütend werden.

1. ....

2. ....

3. ....

4. ....

5. ....

Manchmal ist es schwer, »sicheres Toben« zu praktizieren, beispielsweise am Arbeitsplatz oder inmitten einer größeren Menschenmenge. Dann benötigt man Methoden im Kopf, um sich zu beruhigen. Das Gefühl kann vielleicht auch später rausgelassen werden, wenn es besser möglich ist. Vermeiden Sie, Gefühle gegenüber den falschen Menschen zu entladen, beispielsweise zu Hause.

4. ICH BIN 3–4 JAHRE ALT, ANTWORTE MIR!

In diesem Alter lernt das Kind immer mehr Worte und stellt begeistert Fragen: *Was? Wo? Warum?* Es versteht immer mehr, wenn andere reden, und kann auch seine Gefühle immer öfter und vielfältiger verbal äußern. Das Kind empfindet eine große Freude, wenn es neugierig ist und etwas Neues lernt. Es möchte alles von allem wissen. Es folgt dem Erwachsenen und fragt ununterbrochen. Aus den Erklärungen des Erwachsenen baut es sich sein Weltbild zusammen. Vor allem macht es sich einen Begriff davon, ob Auslöser und Ziel seines Interesses aus Sicht der anderen wichtig sind. Es möchte gesehen und gehört werden.

Ein Kind muss zwischenmenschliche Beziehungskompetenzen trainieren können. In dieser Phase erlernt es, ein Gespräch anzufangen und sich zu unterhalten. Das ist eine wichtige Fähigkeit. Auch kann das Kind nun besser seine Gefühle aushalten. Frustration kann aber durchaus noch zu einem Wutanfall und unkontrolliertem Verhalten führen.

Vielleicht kommt in dieser Phase auch ein Geschwisterchen in die Familie. Das ist für das größere Geschwister immer eine große Sache, empfindet es doch ganz natürlich Eifersucht und fürchtet darum, die Aufmerksamkeit der Erwachsenen zu verlieren. Stellt das Kind fest, dass das Baby etwas besitzt, was es selbst möchte, entsteht Neid. Das ist eine ganz natürliche Reaktion. Wenn man das Gefühl hat, dass man etwas, das man will, nicht bekommt, dann ärgert man sich – ist doch klar. Das Baby beansprucht so viel von der Aufmerksamkeit und Fürsorge der Eltern, dass das größere Geschwisterkind das Gefühl haben kann, es sei nicht mehr wichtig für die Eltern. Diese Furcht kann sich in Gefühlsentladungen und einem Zurückfallen auf das Niveau eines Kleinkindes äußern.

Gedanken für die Eltern

Wenn Sie dem Kind jedes Mal antworten, wenn es etwas fragt, dann fühlt es, dass es wichtig ist. Wortschatz und Sprachvermögen eines Kindes entwickeln sich mit enormer Geschwindigkeit. Ermuntern Sie Ihr Kind, zu fragen und sich zu wundern. Lassen Sie es neugierig sein. Antworten Sie immer zumindest etwas. So entwickeln Sie den Verstand des Kindes, seine sozialen Fähigkeiten, seinen Mut und sein Denkvermögen. Erklären Sie ihm Dinge, auch wenn es noch nicht alles verstehen kann. Lassen Sie das Gespräch den Fragen des Kindes folgen. Der Fragepfad des Kindes ist von seinen Interessen bestimmt. Vermeiden Sie trockenes Unterweisen. Erhält ein Kind ausreichend Aufmerksamkeit durch eine positive, seiner Entwicklung entsprechende Art, dann braucht es keine negativen Dinge zu tun, um Aufmerksamkeit zu erregen. Antwortet man auf seine Fragen, stärkt man die Teilhabe des Kindes, festigt sein Selbstgefühl und fördert soziale Fähigkeiten – mit anderen Worten, man fördert seine Entwicklung und Entfaltung.

Die Antworten können dabei vielfältig sein und wechseln. Auf die gleiche Frage kann man gut verschiedene Antworten aus verschiedenen Sichtweisen geben. Das Wichtigste ist das Gefühl des Kindes, dass seine Fragen beantwortet werden, dass es aktiv an der Unterhaltung teilnehmen kann und sein Staunen ernst genommen wird. Wenn das Kind sich mit Ihnen in Konversation üben kann, wird es sich auch trauen, mit anderen zu plaudern. Das ist die erste Lektion in Sachen Freundschaft. Haben die Eltern dem Kind immer auf seine Fragen geantwortet, wird es sich auch trauen, Kinder in seinem Alter anzusprechen und sie nach ihren Dingen zu befragen.

Das Vorbild der Erwachsenen ist wichtig. Kriegt das Kind schlechte Laune, ist gereizt oder wütend, kann man mit ihm darüber sprechen, was passiert ist, wie es sich fühlt und wie es damit umgehen könnte. Gefühle sind gestattet und auch wütend darf man sein. Erwachsene können mit den Kindern gemeinsam erlaubte Wege suchen, den größten Ärger rauszulassen. Dabei kann der Erwachsene durchaus Vermutungen anstellen, wie es dem Kind geht, denn dessen Wortschatz reicht noch nicht, um eine Situation und widersprüchliche Gefühle genau zu beschreiben. So lernt das Kind wichtige Fähigkeiten im Umgang mit schwierigen Gefühlen und merkt gleichzeitig, dass seine Gefühle nicht verboten und auch nicht gefährlich sind.

In der Unterweisung durch den Erwachsenen lernt das Kind, was richtig ist und was falsch. Vermeiden Sie ständige Verbote und Tadel. Am effektivsten ist es, vor allem jene Situationen positiv zu kommentieren, in denen das Kind gut agiert. Danken Sie Ihrem Kind, wenn es zu Kompromissen bereit ist oder über seine Gefühle spricht, bevor es von einem Wutanfall gepackt wird.

Ein Kind ist von seinen Eltern enorm abhängig. Es folgt dem Erwachsenen und fordert permanent Aufmerksamkeit ein, indem es endlos fragt. Erlebt es, dass es in der Lage ist, mit seinen Eltern ununterbrochen in Verbindung zu bleiben, kann es später auch zu ihnen auf Distanz gehen. Es ist immer wichtig, dem Kind ein Gefühl von Sicherheit zu geben. Manchmal kann die endlose Fragerei auch ermüden. Wenn es Zeit ist, schlafen zu gehen, kann man das Kind bitten, seine Fragen am nächsten Morgen zu stellen.

Gibt es ein Baby in der Familie, sollte man darauf achten, dem größeren Geschwisterkind ebenfalls Aufmerksamkeit und Fürsorge zuteilwerden zu lassen. Irgendetwas sollte man auch mit dem älteren Kind ganz allein tun. Außerdem sollte man das Kind auf all das Gute und die Vorteile hinweisen, die es als älteres Geschwisterkind genießt. Vermeiden Sie es, Ihr Kind diffus aufzufordern, »schon groß« zu sein und sich rauszuhalten. Sie können dem Kind auch erklären, wie klein und hilflos ein Baby ist und dass es selbst auch einmal so war. Schauen Sie sich gemeinsam seine Babyfotos an.

Das Kind lernt nur mit erwachsener Unterstützung, zu warten, bis es an der Reihe ist, und seine Enttäuschung zu ertragen. Lassen Sie das Kind nicht allein mit Gefühlen wie Neid und Eifersucht oder seiner schwer zu ertragenden Angst, links liegen gelassen zu werden. Stehen Sie dies mit ihm gemeinsam durch. Sprechen Sie es an, geben Sie den Gefühlen einen Namen, geben Sie ihm Tipps, wie es die Gefühle rauslassen kann, trösten Sie es und lenken Sie seine Gedanken auf etwas Positives. Akzeptieren Sie die ganze Bandbreite der Gefühle des älteren Kindes. Erkannter Neid ist besser zu ertragen als ein verbotenes Gefühl.

SO STÄRKEN SIE DIE GESCHWISTERBEZIEHUNG

Helfen Sie dem Kind, darauf zu vertrauen, dass jeder das bekommt, was er braucht. Vermeiden Sie Vergleiche oder Messungen, ob jeder das Gleiche bekommt. Ein Baby benötigt andere Dinge als ein Kleinkind oder ein Kind im Kindergartenalter. Beide bekommen jeder für sich die Aufmerksamkeit der Eltern und Zeit mit ihnen zu zweit, auch ohne zu wüten.

Lenken Sie den Blick des älteren Kindes auf Dinge, die es hat und die gut sind, und weg von einer Mangelliste mit dem, was es nicht bekommt. Diese kostet nur unnütz Energie und Freude.

Lassen Sie die Kinder untereinander ihre Beziehung ausmachen. Halten Sie sich aber in Hörweite auf und seien Sie bereit, sanft einzugreifen.

Klären Sie Streitsituationen mit dem Gedanken, dass Sie viel Zeit haben. Lassen Sie alle Kinder erzählen und zuhören, wenn ein Kind nach dem anderen über seine Erfahrungen und Bedürfnisse hinter den Gefühlen und Taten berichtet. Es ist wichtig, die Situation aufzulösen und respektvoll zuzuhören. So wird die Fähigkeit der Auseinandersetzung geschult.

Halten Sie lieber einen Gesprächsmarathon ab, als unbedacht ein Urteil zu verkünden. Klärt ein Erwachsener einen Streit nur, indem er einen Schuldigen benennt, werden Kinder lernen, alles zu unternehmen, um zu vermeiden, die eigene Schuld zugeben und Verantwortung übernehmen zu müssen. Denn das hieße, eine sichere Strafe zu bekommen.

Beim Aufarbeiten eines Streits sollten alle ruhig sein. Wichtig ist also, sich erst einmal zu beruhigen. Solange ein Kind wütend ist, ist es nicht in der Lage, die Situation in ihrer Gesamtheit oder aus der Sicht des anderen Kindes zu sehen, geschweige denn die eigene Verantwortung daran.

Bringen Sie dem Kind bei, dass Hilfe bei einem Erwachsenen zu holen heißt, eine gerechte Lösung zu bekommen. Das ist völlig in Ordnung – und kein Petzen, überflüssiges Nörgeln oder Schwäche. Gerechtigkeit hat für Kinder und junge Menschen einen hohen Wert und es ist für sie eine abgrundtiefe Enttäuschung, wenn Erwachsene ihrerseits dem keinen Wert beimessen.

IHR KIND IST BESONDERS

Alle Kinder sind verschieden. Ihr Kind unterscheidet sich von dem der Nachbarn. Auch Geschwister sind untereinander verschieden. Manche Kinder sind ruhiger und bewegen sich weniger. Andere sind munterer und ununterbrochen in Bewegung. Einige Kinder sind ständig bemüht, anderen einen Gefallen zu tun. Andere handeln so, wie es vor allem ihnen gefällt. Einige Kinder schlafen nachts gut, andere wachen ständig auf.

Viele Kinder sind genau und sorgfältig, einige völlig angstfrei gegenüber gefährlichen Risiken. Manche Kinder sehen in allem die glückliche und helle Seite, andere wiederum die schlechte. Manche Kinder sind leicht zufriedenzustellen, anderen kann man nur schwer eine Freude machen, egal wie sehr man sich bemüht. Einige sind jeden Tag ähnlich drauf und handeln immer gleich. Andere handeln überraschend und immer anders und ihr Verhalten ist schwer vorauszusehen. Vielleicht sind sie voller Ideen, wie man die Dinge noch tun könnte, und wollen ständig etwas Neues probieren.

Ein Kind ist weder gut noch böse, sondern hat seine eigene Art. Ein Kind, das gern Risiken eingeht, oft etwas vergisst und unentwegt in Bewegung ist, ist nicht schwierig oder böse. Achten Sie darauf, dass Sie nicht in negativen Worten von ihm denken. Es ist richtig, genau so, wie es ist. Ein anderes ist supergut, wenn es darum geht, neue Ideen zu finden, zu helfen, rechtzeitig zu sein und durchzuhalten. Jedes Kind hat seine starken und guten Seiten. Diesen guten Seiten sollte unsere Aufmerksamkeit gelten, diese sollten wir pflegen, erinnern, bewundern, laut aussprechen, unterstützen und stärken. Der Charakterzug, den wir sehen und für den wir danken, wird sich verstärken. Kinder handeln richtig, sofern sie es können und dazu in der Lage sind.

Manche Kinder haben einen Charakter, den viele Eltern als herausfordernd und schwer empfinden. Diese Kinder sind häufig auch ausgesprochen aktiv. Sie zögern nicht, gewohnte Regeln und Anordnungen der Erwachsenen infrage zu stellen. Sie haben eigene Meinungen, sie fragen und zweifeln alles an. Sie sind agil und effektiv, im Guten wie im Schlechten. Möglicherweise brausen sie auch schnell auf und bekommen leicht einen Wutanfall.

Als schwierig wird auch ein Kind empfunden, dass vorwiegend negativ und problemorientiert denkt. Diese Kinder sind oft zornig, widersprechen häufig und hören nicht auf den Erwachsenen. So ein Kind kann nicht gut zuhören oder sich darauf konzentrieren, wenn ein Erwachsener um etwas bittet. Auch dieses Kind braucht Hilfe, Kompetenzen und die Förderung seiner Stärken.

Lebhafte Kinder scheinen keinen Moment lang auf ihren Plätzen bleiben zu können. Sie sind ständig in Bewegung und haben endlos Energie. Müssen sie auf einem Platz bleiben, zappeln sie unruhig. Das kann Erwachsene nervös machen, obwohl es vielleicht gar nicht stört. Vielleicht kann sich das Kind nicht konzentrieren, wenn es nicht dabei mit den Beinen wackelt oder kippelt. Bewegung hilft ihm. Das ist kein schlechtes Benehmen, sondern Klugheit. Es braucht regelmäßige Bewegungspausen, um sich konzentrieren und lernen zu können.

Lebhafte und aktive Kinder unterbrechen andere beim Reden, weil es ihnen schwerfällt zu warten, bis sie an der Reihe sind. Sie sprechen wortreich und antworten mitunter schon, bevor die Frage zu Ende gestellt worden ist. Sie vergessen oder verlieren ihre Sachen und brauchen regelmäßig jemanden, der sie aus einer Situation rettet. Das mag wie Sorglosigkeit und Gleichgültigkeit erscheinen. Oft ist es jedoch eher Begeisterung und euphorisches Einlassen auf neue Dinge. Eine unerschöpfliche Neugier ist Lebenskraft. Richtig wahrgenommen und unterstützt, sind die Eigenschaften dieser Kinder ein großes Kraftreservoir.

Konzentrieren sich Eltern auf die Stärken ihres aktiven Kindes, wird dessen Energie besser in Bahnen gelenkt. Finden Sie Hilfsmittel gegen das Vergessen, überlegen Sie Erleichterungen beim Warten, bis es an der Reihe ist, und finden Sie Methoden, um das Aufbrausen zu dämpfen – und Sie werden sehen, Ihr Kind blüht auf.

Stärke die Stärken. Richten Sie Ihre Aufmerksamkeit auf die Stärken des Kindes, dann verbessern sich sein Wohlbefinden und seine Gemütsverfassung. Mit der Zeit wird es sich positiv auf seine Lebenskompetenz auswirken und das Kind wird ruhiger. Die Risikobereitschaft und störendes Verhalten nehmen ab. Seine Veranlagung aufzubrausen stabilisiert sich. All das sind besonders wichtige Fähigkeiten für ein temperamentvolles Kind.

Füllen Sie den Charakter mit Stärken

Nehmen Sie ein großes Blatt Papier. Das verkörpert den Charakter des Kindes. Überlegen Sie gemeinsam, welche positiven Eigenschaften das Kind hat. Als positive Eigenschaft gilt, wenn sich jemand daran erinnert, dass das Kind auch nur ein einziges Mal so gehandelt hat. Auch Kosenamen gelten, die das Kind von Eltern, Großeltern, Geschwistern oder Bekannten erhalten hat. Schreiben Sie möglichst viele dieser positiven Wörter auf das Papier. Geben Sie das Papier dem Kind. Auf dieses »Bild der Stärken« sollen keine Aufgaben geschrieben werden, sondern nur positive Dinge. Mithilfe dieses Blatts erhält das Kind eine visuelle Versinnbildlichung von seinen vielen guten Seiten.

....

....

....

....

....

....

....

....

....

....

5. ICH BIN 4–5 JAHRE ALT, SIEH MICH AN!

Sieh mich an! Guck, was ich mache! Solche Bitten sind für diese Altersstufe normal. Das Kind will viel und häufig angeschaut werden und Erwachsene sollen bewundern, was es sich ausgedacht hat. Erwachsene, die das tun, stärken das Sicherheitsgefühl und das Vertrauen ihres Kindes: *Ich bin wichtig!* Ein Unsicherheitsgefühl beim Kind äußert sich in ständigem Heischen um Aufmerksamkeit und Bewunderung. Ein Kind braucht Anerkennung und Sicherheit.

Eine reiche Fantasie hilft dem Kind. In seinen Träumen erlebt es sich als wunderbar und vollkommen. Das ist etwas Schönes. Sein Selbstwertgefühl wächst durch diese Vorstellungen und durch die Aufmerksamkeit der Erwachsenen. Ein Kind liebt es, sich und sein Können zu präsentieren. Es träumt davon, dass es alles kann, und spielt, dass es Superkräfte und besondere Fähigkeiten besitzt. Indem es sich vorstellt, eine Märchenfigur oder ein Supermensch zu sein, kann es für einen Moment vergessen, wie klein und abhängig es ist. In seinem Kopf ist es ein Superkönner. Ein Kind verdient und braucht viel positive Aufmerksamkeit. Es sehnt sich nach Ermunterung und der Rückversicherung, dass es gut ist und etwas kann.

Das Bedürfnis nach Aufmerksamkeit kann sich mitunter auch auf verbotene Sachen richten. Verhält sich das Kind falsch, erhält es mit Sicherheit die Aufmerksamkeit eines Erwachsenen. Dann hagelt es Verbote, Befehle und Vorwürfe, was aus Sicht des Kindes immer noch besser ist, als gar nicht beachtet zu werden.

Zu dieser Entwicklungsphase gehört eine erhöhte Risikobereitschaft. Vielleicht fühlt sich das Kind versucht, seine Flugkräfte oder Kletterkünste, einen Spaziergang auf dem Dach oder etwas in der Art auszuprobieren. Mit der Zeit lernt das

Kind, dass die Welt voller Gefahren und kein Mensch ein Superheld ist, der mit Zauberkräften alle Gefahren übersteht, sondern dass man sich selbst beschützen und Gefahren vermeiden muss.

In dieser Phase (wie auch schon in der vorangegangenen) wird oft ein Geschwisterkind geboren, das viel Aufmerksamkeit von den Eltern und allen anderen braucht und erhält. Das Bedürfnis nach Aufmerksamkeit ist aber beim älteren Kind keineswegs verschwunden. Sein schädliches Verhalten kann der Versuch des älteren Kindes sein, im Fokus der Eltern zu bleiben.

Gedanken für die Eltern

Schauen Sie wohlwollend und bewundernd auf das Können Ihres Kindes. Das erfüllt es mit dem Glauben, dass es zumindest manchmal viel Mut und Können hat. Die Aufgabe der Erwachsenen ist es, dem Kind zu zeigen, dass es auch ohne Heldentaten gut ist und so genügt, wie es ist. Ein Kind braucht ein realistisches Feedback und die Versicherung, dass es kein Märchenheld zu sein braucht, sondern bereits perfekt ist. Es hat ganz gewöhnliche Fähigkeiten, die Anerkennung und Unterstützung verdienen.

Wenn es in der Familie mehrere kleine Kinder gibt, sollte man besonders darauf achten, jedes Kind nacheinander und möglichst für positive Dinge zu beachten, ihm zu danken und es zu loben, statt es durch wiederholte Vorwürfe und Verbote zu entmutigen. Nennen Sie ihm lieber Alternativen, die es tun darf, anstatt ihm verbotene Dinge aufzuzählen. Ein Kind ist energiegeladen, neugierig und möchte Neues lernen. Das ist eine wichtige, altersgerechte Eigenschaft, die gestärkt zu werden verdient. Versuchen Sie, durch die Begeisterungsfähigkeit und Experimentierfreudigkeit Ihres Kindes nicht genervt zu sein, denn daraus gewinnt es Lebensfreude. Das Selbstwertgefühl des Kindes wird gestärkt, wenn es oft hört, dass es so akzeptiert wird, wie es ist. Es kann schon viel, lernt die ganze Zeit dazu, aber alles kann und braucht es noch nicht zu können.

VERMEIDEN SIE DIE WORTE »NEIN« UND »NICHT«

Verbote wecken im Gehirn automatisch negative Gefühle. Lernen Sie, die Dinge positiv auszudrücken. Stellen Sie möglichst wenig Regeln auf und diese lieber positiv. Viele Dinge können mit einem Pluszeichen versehen werden. Zählen Sie auf, was das Kind im Moment alles kriegen kann, statt zu wiederholen, was nicht. Kinder möchten lieber die Dinge richtig machen, als Dutzende Verbote zu beachten.

Wenn Sie einen Satz mit *Nein* oder *Nicht* anfangen, fühlt sich das Kind gleich schlecht. Das weckt in jedem von uns Gereiztheit und Unruhe. Sagen Sie lieber »Jetzt kaufen wir nur normales Essen« statt »Jetzt kaufen wir keine Süßigkeiten oder Spielsachen«. Wenn Sie einem müden, hungrigen Kind sagen, dass es »keine Süßigkeiten oder Spielsachen« gibt, entsteht in seinem Kopf automatisch ein Bild von Süßigkeiten und Spielsachen. Und dann erwacht der Wunsch nach diesen verbotenen Dingen und ein endloser Schwall von Einwänden ergießt sich über Sie. So entsteht, vom Erwachsenen selbst hervorgerufen, ein sinnloser Streit.

Überlegen Sie sich lieber, was das Kind im Laden holen und nehmen kann. Eine eigene Einkaufsliste und ein eigener Wagen sind eine gute Lösung. Äußert das Kind trotzdem die Bitte um Spielzeug oder Süßigkeiten, dann wehren Sie sie möglichst sanft und mit einem auf Positives gerichteten Satz ab, ohne die begehrten Dinge zu wiederholen: »Das geht jetzt leider nicht, aber du kannst dir dort aus der Kiste die schönste und saftigste Apfelsine aussuchen!«

Das Gleiche werden Sie auch bei sich feststellen. Wie lange möchten Sie Ihrem Chef, einem Kollegen oder Freund zuhören, wenn er jeden Satz mit *Nein, Nicht* oder *Sie dürfen nicht* beginnt? So eine Orientierung auf das Negative verrät recht viel über den Menschen. Keiner fühlt sich in dessen Gesellschaft lange wohl.

BEISPIEL EINER NEGATIVEN ANZEIGE

Lassen Sie sich dieses Beispiel auf der Zunge zergehen und erspüren Sie den Ton dahinter. Sie lesen in der Zeitung eine Anzeige: *ICH FEIERE mein Alter NICHT. Helvi Hemminki*. Welches Gefühl weckt das in Ihnen? Ein unangenehmes, nicht wahr?

ICH FEIERE mein Alter NICHT

Helvi Hemminki

Helvi möchte mit dieser Anzeige allen mitteilen, dass sie kein Fest gibt. Sie kennen diese Person nicht und erwarten daher auch keine Einladung zu einer Feier. Die Anzeige weckt das Gefühl, dass man zu dieser Feier auch nicht gehen möchte. *Ich feiere nicht* ist in Großbuchstaben geschrieben. Ob Helvi wohl überhaupt feiern und fröhlich sein kann? Aus der Anzeige entsteht die Vorstellung von Helvi als einem Menschen, der nicht gern feiert, nicht einmal jetzt, wo es offensichtlich einen Anlass gegeben hätte. Dieses Nichtfeiern möchte sie besonders hervorheben und es über die Zeitung allen mitteilen. Wenn Helvi feiern würde, täte sie das womöglich im Geheimen, ätsch!

Helvi spricht vom Alter, obwohl man doch eigentlich seinen Geburtstag, eine freudige Sache, seine Geburt feiert. Doch Helvi sieht das anders. Für sie ist Alter etwas Schlechtes und das überwiegt gegenüber dem Wunder der Geburt und einem hohen Alter. Sie spricht über das Alter ganz klar von etwas, das sich nicht zu feiern lohnt. Runde Geburtstage wären doch eine tolle Gelegenheit, Freunde und Familie einzuladen und miteinander Zeit zu verbringen. Helvi sieht das nicht so. Sie will ihren Freunden und Verwandten keine fröhliche Feier bieten. Diese Helvi scheint ein bisschen seltsam zu sein, oder nicht?

So viele negative Dinge können wenige Worte einer Anzeige in einem auslösen, nur, weil sie das *nicht* betont. Vor allem empfindet man Abweisung. Man will von Helvi absolut nichts mehr erfahren und sie niemals treffen, selbst wenn sie einen überraschend einladen würde.

Beginnen Sie einen Satz gegenüber einem Kind mit »Ich will nicht, dass du …«, »Tu das nicht …« oder »Ich verbiete dir …«, verursachen Sie sofort schlechte Laune. Das ablehnende und negative Gefühl ist schon da, bevor die eigentliche Bitte überhaupt ausgesprochen ist. Nur ein Wort, *nein, nicht, verboten,* und das Kind hört auf, genau und begeistert zuzuhören. Wenn es kann, wird es weggehen. Selbst wenn es bleibt, hat sein Gehirn sich schon darauf eingerichtet, Ihre Botschaft abzuwehren.

Es lohnt sich, wenn man sich angewöhnt, die Dinge positiv zu formulieren: »Hey, Sami, ich sehe, du hast das aufgehoben. Das hast du gut gemacht! Ich finde es toll, dass du dein Zimmer aufräumst und es zu Hause sauber und gemütlich ist. Lass uns zusammen anfangen, ich helfe dir … Es wäre gut, wenn du … Du kannst den Tisch richtig schön decken.« Die Kooperationsbereitschaft des Kindes und seine Aufmerksamkeit vergrößern sich. Kinder befolgen Regeln leichter, wenn sie dafür ein Dankeschön und keine Vorwürfe erhalten.

Ein positiv begonnener Satz stößt nicht weg, sondern lädt ein und der Wunsch der Eltern weckt im Kind Zuneigung, Begeisterung und Vertrauen. (Auf die gleiche Art können Sie in Ihrer Partnerschaft, am Arbeitsplatz oder in einer E-Mail eine positive Stimmung verbreiten.)

6. ICH BIN 5–6 JAHRE ALT, KRIEGE ICH FREUNDE?

Ein Kind, das ermutigt und angespornt worden ist, wird sich trauen, die Gesellschaft Gleichaltriger zu suchen. Es fühlt sich als ein wichtiger Teil der Familie und kann darauf vertrauen, dass es auch anderen wichtig ist. Bewunderung und Wertschätzung durch die Eltern stehen zwar immer noch an erster Stelle, aber es braucht nicht mehr unentwegt im Mittelpunkt der Aufmerksamkeit zu stehen. Jetzt ist Zeit, sich auf Gleichaltrige zu konzentrieren und das Kind fängt an, erste Freundschaften zu schließen. Es vertraut darauf, dass es eine Freundschaft verdient.

Haben die Eltern geduldig auf die Fragen des Kindes geantwortet, hat das Kind jetzt Mut, auch mit Gleichaltrigen zu sprechen und sie nach ihren Angelegenheiten zu fragen. Das Kind hat ein gutes Selbstwertgefühl, und wenn es auch noch nicht viel weiß, so traut es sich doch zu fragen.

Das Kind sucht und wünscht sich Freundschaftsbeziehungen zu Gleichaltrigen. Es ist lustig, mit anderen Kindern zu spielen und Witze zu machen, denn sie interessieren sich für und lachen über die gleichen Dinge. Das Kind erlernt wichtige soziale Fähigkeiten, wie man Freunde bekommt und selbst anderen ein Freund oder eine Freundin sein kann. Gleichzeitig lernt es Kinder aus der Umgebung und kindliches Miteinander kennen.

In diesem Alter schäumen die Gefühle schnell über und es kommt schnell zu einem Streit. Jedes Kind verhält sich in Streitsituationen individuell. Ein Kind möchte draußen spielen, das andere drinnen. Eines möchte ein bestimmtes Spiel spielen, das andere ein anderes. Diese Streitsituation zu klären vermittelt wichtige Fähigkeiten. Sich zu streiten sollte nicht verboten werden, aber es ist wünschenswert, Hilfestellungen zu geben, wie man einen Streit mit fairen Mitteln klären kann. Durch Streit und Aushandeln lernen Kinder, Kompromisse zu schließen und zu warten, bis man an die Reihe kommt. Kinder lernen, dass es wichtig ist, dass alle Seiten gehört und alle Wünsche gleichberechtigt berücksichtigt werden. Gleichzeitig müssen sie lernen, den eigenen Willen zu kontrollieren.

Gedanken für die Eltern

Am besten helfen Eltern ihrem Kind, wenn sie sicherstellen, dass das Kind viele Gleichaltrige trifft, und ihm zeigen, was eine faire Freundschaft bedeutet. Bringen Sie ihm hilfreiche Grundregeln der Freundschaft bei. Zeigen Sie ihm, wie es das andere Kind beachten und ihm respektvoll zuhören kann. Eine Freundschaft pflegen heißt auch, dem Freund manchmal den Vortritt an der Schaukel zu lassen oder ihm als Erstem Süßigkeiten anzubieten. Allerdings kann man Freunde nicht durch Geschenke kaufen. Zu den Regeln der Freundschaft gehört auch, dass man nicht allem zustimmen muss. Ein wahrer Freund zwingt niemanden, etwas zu tun oder sich unterzuordnen, und tut dem anderen nicht weh. So verhält man sich auch nicht innerhalb der Familie.

Es ist nicht ratsam, streitende Kinder immer sich selbst zu überlassen, denn dann gewinnt das vorlauteste und stärkste Kind, und keines erlernt die Regeln eines fairen Streits (mehr darüber gleich im Folgenden). Kinder brauchen oft die Hilfe eines Erwachsenen, um Streitereien zu schlichten, weil sie noch nicht über die Fähigkeit dazu verfügen. Der Erwachsene kann eingreifen, indem er zeigt, dass er jedem Beteiligten gleichberechtigt und ohne ihn zu unterbrechen zuhört. Das Wichtigste ist nicht, herauszufinden, wer zuerst irgendetwas getan hat oder wer an etwas schuld ist. Oft ist es nicht einmal möglich, hinterher zu klären, wie und in welcher Reihenfolge die Dinge genau vorgefallen sind. Beide Seiten haben höchstwahrscheinlich etwas missverstanden und instinktiv gehandelt.

Vielmehr sollte man den Blick nach vorn richten. Wie könnte der Streit beigelegt werden? Bitten Sie alle Beteiligten um Vorschläge. Wie könnte das Spiel so weitergehen, dass es für alle am besten ist? Oft hilft schon eine kleine Pause, indem man kurz rausgeht oder eine Kleinigkeit isst, um die Kinder aufzumuntern und ihre Gedanken weg vom Streit zu lenken. Das Schönste ist, wenn es gelingt, gemeinsam eine Lösung zu finden und das lustige Spiel fortzusetzen. Durch das Vorbild und die Worte des Erwachsenen lernt das Kind, wie ein Freund behandelt werden sollte.

Manchmal gibt es die Situation, dass ein Kind ein anderes absichtlich unterwirft und ihm wehtut. Dann müssen Sie klarstellen, dass Zwang und Wehtun immer verboten sind. Gebraucht wird auch die Fähigkeit, um Entschuldigung zu bitten und zu vergeben. Auch dies erlernt das Kind am besten, wenn es das von seinen Eltern in der Familie vorgelebt bekommt. Ein Kind lernt am besten, mit anderen Kindern auszukommen, wenn ihm ein Erwachsener zu Hause vorlebt, wie man sich als guter Freund verhält, und es dem Kind sanft vermittelt.

Allerdings lohnt es auch nicht, zu schnell in den Streit der Kinder einzugreifen. Man kann erst einmal verfolgen, wie sie damit umgehen. Im Streit lernen Kinder, Verschiedenheit zu akzeptieren. Ein anderes Kind will andere Dinge als sie selbst.

Der oder die andere möchte über etwas ganz anderes reden als man selbst. Durch Zuhören und Fragen kann man ganz viel lernen.

Über Eigenheiten des Freundes sollte man nicht lästern, nicht einmal hinter seinem Rücken. Jeder ist richtig, genau so, wie er ist. Die guten Seiten eines Freundes können aber ruhig betont und gelobt werden. Oft geht es auch um Neid und Vergleich. Ein Kind ist enttäuscht, weil es nicht das gleiche Spielzeug oder nicht die gleichen Fähigkeiten hat wie der Freund. Jetzt ist ein guter Zeitpunkt, dem Kind beizubringen, Enttäuschungen zu ertragen – mehr dazu auf Seite 173. Sprechen Sie mit Ihrem

SPIELREGELN DER FREUNDSCHAFT

- Freundschaft heißt, ein netter und vertrauenswürdiger Kumpel für den anderen zu sein.
- Ein Freund ist nicht böse, er verletzt niemanden und tut niemandem mit Absicht weh.
- Ein wahrer Freund zwingt nicht, ist nicht dominant und droht nicht damit, die Freundschaft zu kündigen.
- Ein guter Freund macht Freude und Mut, er spornt an, wenn der andere dies braucht.
- Ein Freund ist ehrlich, mag dich und spricht hinter dem Rücken nicht schlecht über andere.
- Ein wahrer Freund lässt dich in der Not nicht allein.
- Einen guten Freund sollte man wertschätzen. So wird man auch selbst geschätzt.

Kind darüber, dass jeder verschieden ist und dass jeder seine eigenen Dinge besitzt. Wenn es Kindern gelingt, ohne Streit zu spielen, dürfen sie auch mit den Sachen des anderen spielen und können dabei wichtige Fähigkeiten voneinander lernen. So erleben Kinder, sich in der Gesellschaft von Freunden wohl und sicher zu fühlen.

VIELE VERSCHIEDENE STREITTYPEN

Menschen verhalten sich in Streitsituationen unterschiedlich. Einigen ist beigebracht worden, dass es gut ist, zum Angriff überzugehen und den eigenen Willen lautstark zu äußern. Andere wählen ein defensives Verhalten. Wir sind alle Individuen und verhalten uns individuell verschieden im Streit. Auch die Umstände spielen eine Rolle. Ein Kind kann zu Hause ein lautstarker Befehlsgeber sein, im Kindergarten aber ein stiller Zustimmer – oder andersherum. Der Charakter und die zu Hause und von Freunden vorgelebten Modelle haben Einfluss darauf, welche Art zu streiten sich das Kind aneignet.

Es ist immer möglich, neue Wege zu finden, um den eigenen Ärger auszudrücken. Das eigene Verhalten kann man ändern und aufbrausende Gefühle dämpfen. Ein Streitpartner, der sich von starken Gefühlen lenken lässt, wirkt unsicherer und handelt unüberlegter.

Trainieren Sie mit Ihrem Kind verschiedene Arten, seinen Ärger zu zeigen. Sie können schauspielern, tanzen, zeichnen, Bilder angucken. Es lohnt sich zu üben, den eigenen Ärger sachlich und deutlich auszudrücken. Oder auch, wie man sich eine Auszeit nimmt und zurückzieht.

Bringen Sie Ihrem Kind bei, in Streitsituationen sicher aufzutreten. Man kann sich sachlich verhalten, auch wenn man zornig ist. Eine gelassene und entschiedene Körperhaltung und Mimik verströmen Sicherheit. Achten Sie auf eine aufrechte Haltung und bewahren Sie eine ruhige, klare Stimme, wann immer möglich. Schauen Sie Ihrem Gegenüber in die Augen, ohne wegzuschauen, und sagen Sie einfache, klare Sätze. Es ist eine eigene Kunst, zu sprechen, ohne zu schreien oder den anderen zu reizen. Unnötiges Lächeln ärgert und verletzt den anderen. Es sollte lieber versucht werden, einen überzeugenden, sicheren und sachlichen Eindruck zu machen.

Ein gut trainiertes, entschiedenes Auftreten lässt sich auch auf Freundschaften übertragen. Es ist also völlig akzeptabel, zu einem Kind zu sagen: »Du darfst deine Meinung sagen, du darfst unnachgiebig sein, wenn ihr euch streitet.« Ermuntern Sie das Kind, seine Meinung zu sagen und sich zu verteidigen. Ein entschlossener Mensch ist auch in der Lage, rechtzeitig aufzuhören. Er ist nicht rachsüchtig oder überheblich und kann nachgeben, wenn es notwendig ist. So ist es für den anderen leichter, auch hin und wieder einzulenken. Am glaubwürdigsten wirkt, wer sicher und sachlich auftritt.

Unterordnend still. Ein Kind, das sich unterordnet, versucht, seine Gefühle zu verheimlichen und seinen Ärger zu verstecken. In Streitsituationen gibt es nach, verhält sich still, lächelt, schmeichelt dem anderen oder fängt an zu weinen. Seine eigene Meinung spielt es oft herunter: »Ach, das war nichts. Ich habe das nicht so gemeint. Das war aus Versehen. Du kannst den Aufkleber nehmen.« Es verteidigt sich nicht und hofft, dass der Streit schnell vorbeigeht oder es bemitleidet wird.
Die Folge ist, dass dieses Kind leicht gemobbt oder unterdrückt wird. Seine Meinung und seine Wünsche werden übergangen, wenn die anderen sie überhaupt kennen. Es vermag oder traut sich nicht, seine Meinung oder den Grund seiner Wut zu zeigen. Die Lösung und Entscheidung überlässt es anderen.

Drohend beleidigend. Jemand, der im Streit droht, zeigt seine Gefühle durch Macht. Er hat eine ausgeprägte Mimik und Gestik und spricht mit lauter Stimme. Er redet über andere Menschen schroff und böse, beschuldigt andere und macht deren Eigenschaften schlecht. Er hat es sich zur Angewohnheit gemacht, andere zu demütigen, zu verletzen und ihnen wehzutun. Er will seinen Willen schnell, mit Gewalt und durch Unterwerfung durchsetzen. Was andere fühlen, ist ihm egal. Er ist zu psychischer und physischer Gewalt gegenüber anderen bereit. Bei seinen Mitmenschen verursacht er Unbehagen. *Wir machen es so, wie ich sage! Ich entscheide!*

Unberechenbar. Dieses Kind verhält sich im Streit wechselhaft und überraschend. Es ist in widersprüchlichen und schnell wechselnden Gefühlen gefangen und daher unberechenbar. Seine Wut ist eventuell hinter einem Lächeln versteckt, weshalb es zu überraschenden und auch gewalttätigen Wutausbrüchen kommen kann. Es mag ruhig erscheinen und von einer Minute auf die nächste plötzlich sehr beängstigend sein. Von sich selbst sagt es, dass es fair sei und sich nur verteidigt habe.

Entschlossen auftretend. Das entschlossene Kind zeigt seine Gefühle und seinen Willen offen und ehrlich. Dabei spricht es respektvoll von den anderen. Seine Haltung und Mimik sind entspannt, ruhig und aufrecht. Es schaut direkt in die Augen und handelt besonnen. Es spricht mit fester, klarer Stimme, ohne zu schreien, und lässt dabei auch die anderen zu Wort kommen und hört ihnen zu. Es weiß, was es will, macht konstruktive Vorschläge und begründet seine Meinung. Es verhält sich fair gegenüber sich und anderen.

Wie streiten Sie?

Überlegen Sie, wie Sie in verschiedenen Situationen streiten. Schreiben Sie sich eine Liste mit Dingen, die Sie noch lernen müssen, um sich bestimmter und sicherer in Streitsituationen zu verhalten.

- Verstummen Sie, ziehen Sie sich zurück, senken Sie den Kopf und gehen Sie weg?
- Schmeißen Sie mit Türen, werfen Sie Dinge, schreien Sie dem anderen ins Gesicht, fluchen Sie, schimpfen Sie, beschuldigen Sie?
- Sind Sie unberechenbar, mal lächeln Sie und mal sind Sie auffahrend und böse?
- Schildern Sie sachlich Ihre Gefühle, hören, was der andere sagt, und sprechen Sie laut aus, wenn Sie anderer Meinung sind? Finden Sie oft konstruktive Lösungen, schlagen ein gerechtes Vorgehen vor und bemühen sich um Eintracht und Einigung?

Falls Sie feststellen, dass Ihre Streitkultur verbesserungswürdig ist, können Sie gemeinsam mit Ihrem Kind eine Schule konstruktiven Streits veranstalten. Setzen Sie sich selbst kleine Ziele und beurteilen Sie gemeinsam, wie gut Sie vorangekommen sind. Verleihen Sie Preise und ein Dankeschön! Das Erlernen von Methoden der Gefühlskontrolle ist ein unterhaltsames Alltagsunterfangen, wenn Sie sich nur kleine Schritte und eine Sache auf einmal vornehmen sowie Ihre Erfolge belohnen.

....

....

....

....

7. ICH BIN 6–7 JAHRE ALT UND HABE GEHEIME GEDANKEN UND ERFAHRUNGEN

In dieser Phase kann das Selbstständigwerden Ihres Kindes einen großen Sprung machen, denn sein Verstand und seine kognitiven Fähigkeiten entwickeln sich rasant. Es reflektiert mehr und wird vernünftiger. Es überlegt und begründet die Dinge aus seiner Sicht. Lernen Sie Ihr Kind aus einer neuen Perspektive kennen, wenn es berichtet, was es denkt. Auch neue Ängste und Träume können auftauchen. Die geistige Aktivität ist gleichsam beschleunigt, wodurch sich auch beängstigende Gedanken verstärken.

In dieser Zeit kann auch das Bedürfnis des Kindes nach Zeit für sich zunehmen und Sie sollten zulassen, dass es sich zurückzieht. Das Kind übernimmt jetzt mehr Verantwortung für sich, vorausgesetzt, es verfügt über ein eigenes »Revier«, ein Bett, eine Zimmerecke oder ein eigenes Zimmer, um das es sich selbst kümmern kann. Vergessen Sie nicht, das Kind ist immer noch klein, auch wenn es jetzt schon »groß« wirkt. Ein Zuviel an Verantwortung belastet unnötig sein Wohlbefinden.

Gegenüber Gleichaltrigen wird das Kind immer mutiger und sucht immer öfter ihre Gesellschaft. Es möchte vielleicht bei Freunden übernachten oder gemeinsam in den Urlaub fahren. Kinder verbringen immer mehr Zeit mit Gleichaltrigen, ohne dass die Eltern ununterbrochen dabei sind.

Das Selbstgefühl der Kinder wächst in gleichem Maße, wie sich ihr Denkvermögen entwickelt. In ihrem Kopf schnellen immer mehr Gedanken hin und her, Kinder führen jetzt »innere Dialoge« und interessieren sich dafür, was richtig und was falsch ist. Ihr Verstand findet viele Gründe für und gegen eine Sache. Das, was Eltern sagen, ist nicht mehr immer uneingeschränkt gut und vernünftig. Das Kind hört jetzt auf seine eigenen Gedanken und überlegt sich Lösungen in den unterschiedlichsten Situationen. Diese Lösungen testet es auch aus. Möglicherweise testet das Kind auch Sie, ob es tatsächlich erwischt wird, wenn es schwindelt oder etwas stibitzt. Es möchte ausprobieren, wie es sich anfühlt, richtig oder falsch zu handeln. Hin und wieder ist die Versuchung groß, etwas ohne Erlaubnis zu nehmen oder jemandem wehzutun, wenn keiner hinsieht.

Das Kind denkt auch darüber nach, ob man die Stimme des Gewissens zum Schweigen bringen kann. Schuld und Scham sind recht unangenehme Gefühle. Gleichzeitig lernt es, schwierige Gefühle immer besser zu ertragen als früher. Verhält es sich falsch, fühlt es sich schlecht und empfindet auch physisch Unwohlsein und Unruhe. Ein Geheimnis zu bewahren ist schwer.

Manchmal handelt das Kind falsch, obwohl es sich eigentlich richtig verhalten wollte. Vielleicht stellt es sich vor, dass die Dinge wie im Märchen schon wieder in Ordnung kommen und komplizierte Dinge von allein verschwinden. Das ist ganz normal, denn Märchenfiguren werden noch als wirklich empfunden. Einzelne Kinder versuchen vielleicht, andere dazu zu verleiten oder zu zwingen, jemanden zu quälen, etwas zu stehlen oder kaputt zu machen. Kinder sehen möglicherweise auch Taten anderer Kinder, die sie belasten. Sie lernen, mit diesen Gefühlen allein klarzukommen, stellen aber fest, dass sie Erleichterung und Reue verspüren, wenn die Tat rauskommt.

Gedanken für die Eltern

Wenn das Kind gemeinsam mit einem Erwachsenen lernt, was richtig und was falsch ist, dann wird seine Fähigkeit gestärkt, sich richtig zu verhalten. Dabei ist eine verständnisvolle Einstellung des Erwachsenen viel besser als Strenge oder Aufbrausen (siehe S. 159 *Warum Wut nicht lohnt*). Es ist nicht ratsam, die Schuld- und Schamgefühle des Kindes unnütz zu verstärken, da sie das Risiko eines schwachen Selbstgefühls und einer Depression erhöhen. Besser, als Vergehen aufzubauschen, ist es, sich darauf zu konzentrieren, wie das Kind seine Tat korrigieren und wiedergutmachen kann. Danach ist die Angelegenheit erledigt und wird auch nicht mehr angesprochen. Indem man auf Ehrlichkeit setzt, kann man viele Klärungssituationen und unangenehme Gefühle vermeiden.

Es ist wichtig, dass der Erwachsene dem Kind erst einmal dankt, wenn es selbst von seiner Tat erzählt. Was aus der Tat folgt, kann dann gemeinsam überlegt werden, und es sollte etwas sein, das das Kind mit Unterstützung des Erwachsenen tun kann. Etwas Gestohlenes wird mit einer Entschuldigung zurückgegeben. Die Fähigkeit, um Entschuldigung zu bitten und zu vergeben, wird geübt und gestärkt. Die Erkenntnis, dass sich Ehrlichkeit lohnt, sollte mit Sanftmut vermittelt werden. Die Fähigkeit, Verantwortung zu übernehmen, Dinge zu klären und Streit zu schlichten, wird in diesem Alter erst erlernt. Aus Fehlern lernt man und beim nächsten Mal kann das Kind schon richtiger handeln. Auch wenn die Tat des Kindes falsch war, ist das Kind immer richtig und genau so, wie es sein soll.

Sie können dem Kind sagen, dass das eigene Denken wie ein Automat ist, der ununterbrochen redet und mitunter auch sinnlos Gedanken wiederholt und Ängste durch den Kopf wirbelt. Das braucht man nicht zu ernst zu nehmen. Jeder hat in seinem Kopf nur seinen eigenen Verstand und seine Gedanken und die können sich hin und wieder festfahren. Man kann und darf Gedanken sanft in eine angenehmere Richtung lenken. Es lohnt sich, sich auf positive Gedanken zu konzentrieren und Gedanken, die Sorge und Angst verbreiten, in den Müll zu werfen. Kinder sollten ermutigt werden, über sorgen- und angstvolle Gedanken mit Erwachsenen zu reden, denn dadurch fühlen sie sich besser. Das Kind braucht Erwachsene für umfassende Unterstützung, Sicherheit und viele Gespräche.

Es ist etwas Großartiges, wenn das Kind sich trauen kann, über Dinge zu sprechen, die in ihm Scham und Schuld auslösen, ohne den Groll des Erwachsenen befürchten zu müssen. Kinder agieren unterschiedlich, aber eine offene, sichere Gesprächsverbindung zum Kind stützt sein Wachstum am besten. Erwachsene sollten akzeptieren, dass es dem Kind mitunter noch schwerfällt, die richtige Lösung zu finden. Es kann oft nachfolgender Klärung bedürfen. Wichtig ist, die klärenden Gespräche durchzuziehen, auch wenn sie noch so unangenehm sind, denn es folgt ein ungeheures Gefühl der Erleichterung. Dann kann man die Sache hinter sich lassen. So wird vermieden, dass Fehltritte zu einem Teil der negativen Identität des Kindes werden. Dementgegen führen Strenge und das Verbreiten von Angst dazu, dass sich das Kind nur noch mehr schämt und schweigt. Dann bleibt es allein mit der Überlegung, wie es sich in bestimmten Situationen zukünftig verhalten soll.

Im Leben eines Schulkindes gibt es viele verschiedene menschliche Beziehungen und Verantwortungen, für die es noch auf lange Zeit die Unterstützung und den Rat eines Erwachsenen braucht.

WARUM WUT NICHT LOHNT

- Wut führt zu einem Verlust von Verständnis und Denkvermögen. Die Gehirnareale, in denen der Verstand, das Urteilsvermögen und die Moral sitzen, sind ausgeschaltet und das Denken konzentriert sich auf einfache Dinge.
- Ein wütender Mensch ist nicht mehr er selbst. Er denkt und handelt nicht wie der Freund, die Mutter/der Vater, der Partner, den wir kennen.
- Ein wütender Mensch vergisst, was er einmal gelernt hat.
- Auch wenn man den Zustand selbst vielleicht nicht wahrnimmt, kann es einem später eventuell leidtun, wenn man Dummheiten begangen oder einen anderen Menschen verletzt hat.
- Es hat keinen Zweck, das Kind noch mehr unter Druck zu setzen, indem man es anschreit und sich stark aufregt. Besser wäre es, die Situation zu beruhigen.
- Ein wütender Mensch ist häufig unberechenbar und die anderen Menschen fürchten ihn.
- Manche mögen glauben, ein Mensch ist gerade in seiner Wut am stärksten und mächtigsten. Doch das stimmt nicht. Vielleicht wirkt der Mensch stark und gefährlich, aber sein Verstand und sein Denken funktionieren nur dürftig. Selbst sein Hör- und Sehvermögen sind eingeschränkt.
- Überlässt man der eigenen Wut Raum und Macht, führt sie zu Handlungen und Taten.
- Wut hilft nicht, gute, vernünftige Lösungen zu finden.
- Ein wütender Mensch nimmt nur die Sache oder die Person wahr, die seine Wut hervorgerufen hat.
- Hat man das Gefühl, man sitzt in einer Sackgasse und die Sache ist festgefahren, dann ist die Situation schon gefährlich. Derartige Gedanken können unter Umständen zu Gewalt oder zu selbstschädigendem Verhalten führen.

Während man ein Gefühl der Wut verspürt, sollte man sich daran erinnern, dass der Verstand nicht normal funktioniert. Genauso verhält es sich bei Stress, Enttäuschung, Druck durch Sorgen und bei allen schwierigen Gefühlen. Dann sollte man keine großen, wichtigen Entscheidungen treffen. Im Aufruhr der Gefühle sollte man nicht überlegen, warum man dies oder das studiert, warum man diese oder jene Arbeit hat oder warum man jemandes Partner ist. Solche Überlegungen gehören in Momente, wenn der Geist entspannt und ausgeruht ist. Manchmal ist es sogar ratsam, nach einem Streit eine Nacht darüber zu schlafen, sich eine Auszeit zu nehmen und erst am nächsten Tag die Angelegenheit zu klären. Am nächsten Morgen erscheint der Streit vielleicht unwichtig und es ist wesentlich leichter, sich zu einigen.

Können Sie um Entschuldigung bitten?

Erinnern Sie sich an einen Fall, in dem Sie sich in Ihren Augen als Elternteil oder Erzieher schlecht verhalten haben. Schreiben Sie darüber. Hat Ihnen Ihr Kind vielleicht einen Leckerbissen von seinem Teller angeboten und dann den kompletten Teller auf den Boden gekippt? Haben Sie dann geschimpft, obwohl Sie ihm auch für seine Großzügigkeit und gute Absicht hätten danken können? Haben Sie es um Entschuldigung gebeten? Wie? Warum nicht?

....

....

....

....

....

....

....

....

....

....

....

....

Um Entschuldigung zu bitten kann schwerfallen, wenn es Ihnen Ihre Eltern nicht vorgelebt haben. Es ist eine Fähigkeit, die zu üben sich lohnt, damit Sie Ihrem Kind ein besseres Vorbild sein können: Entschuldigung, es tut mir leid, ich habe mich falsch verhalten. Es ist gut, wenn das Kind erfährt, dass Eltern manchmal müde und gestresst sind. Wenn ein Erwachsener nervös ist, bereut er, bittet um Entschuldigung und erklärt, warum er so reagiert hat. So lernen Kinder Situationen zu deuten und zu verstehen, dass das schlechte Verhalten eines anderen nicht zwangsläufig mit ihnen zu tun hat und auch nicht immer ihre Schuld ist.

Schreiben Sie hier auf, mit welchen Worten es für Sie am leichtesten ist, um Entschuldigung zu bitten.

....

....

....

....

....

....

....

....

....

....

8. ICH BIN 6–9 JAHRE ALT UND TEIL EINER GRUPPE

Mit Beginn der Schule muss ein Kind sich in eine größere Gruppe Kinder integrieren. Das ist für viele Kinder eine neue Situation. Mehrere gleichaltrige Kinder bilden jetzt eine Gruppe, in die sich jedes Kind auf seine Art eingliedert und seinen Platz und seine Aufgabe finden muss. Kinder beginnen zu lernen, wie man Respekt und einen Platz in einer größeren Gruppe bekommt. Das Schlimmste ist, ein Außenseiter zu bleiben. Die Anerkennung und Gesellschaft Gleichaltriger wird noch einmal wichtiger, denn das Kind will anerkanntes Mitglied der Gruppe sein.

Das Kind probiert verschiedene Arten aus, wie es am besten im Freundeskreis zurechtkommt. Es testet, geleitet von seinem Charakter und dem, was es gelernt hat, verschiedene Mittel, um Beachtung und Anerkennung zu erhalten. Gleichzeitig versucht es zu verstehen, wie eine Gruppe aus Kindern funktioniert. In einer Gruppe gleichaltriger Kinder bilden sich Regeln, Werte und Hierarchien heraus, denn alle Mitglieder wollen wichtig und anerkannt sein. Ein Kind möchte sich so verhalten, dass es gemocht wird. Vielleicht nimmt es die Rolle des Jasagers oder Spaßvogels ein oder will bestimmen und der Anführer sein. Ein anderes Kind ist lieber ein stiller Beobachter.

Gruppen vereinbaren schnell eigene Regeln und Erwartungen, vergeben Kennzeichen und Aufgaben an ihre Mitglieder. Das ist typisch für Gruppen. Zu hoffen ist, dass die Eigenschaften eines jeden Mitglieds auf bestmögliche Art zum Vorschein kommen. Bekommt allerdings ein Kind einen negativen Stempel aufgedrückt, kann sich das schnell und stark auf das Kind übertragen.

Mitunter setzen Kinder auch andere herab, um sich selbst in einem besseren Licht dastehen zu lassen. Mobben oder übles

Nachreden sind grausame Methoden, aber Kinder können das nicht unbedingt erkennen. Verspürt man einen großen Druck dazuzugehören, dann nimmt man verdrängte Gefühle vielleicht weniger wahr. Für die Kinder bedeutet es enormen Stress, den ganzen Tag in der Schule ohne den Rückhalt ihrer Eltern zu sein und in einer Gruppe Gleichaltriger zu bestehen. Dann kochen die Gefühle schnell hoch und das Kind verhält sich möglicherweise unberechenbar. In der Herausbildungsphase, wenn Rollen und Regeln einer Gruppe ausgehandelt werden, besteht die Gefahr, dass einzelne Kinder für schlechter gehalten werden als andere. Manche beteiligen sich daran, Schwächere zu drangsalieren, wenn sie dafür Zustimmung und ein Lächeln bekommen. Deswegen ist es unabdingbar, dass Erwachsene aus der Nähe beobachten, ob eine Gruppe nach fairen und respektvollen Prinzipien funktioniert.

Quälen, Wehtun, Stören, Drohen und Diskriminieren sind auch bei kleinen Kindern nichts Ungewöhnliches. Die Fähigkeit zur Empathie wird langsam erlernt, weswegen es so wichtig ist, darüber zu sprechen. Schikane ist häufig ein Gruppenphänomen, das man nicht fürchten, von dem man aber Erwachsenen erzählen sollte. Die ganze Gruppe bedarf der Hilfe eines Erwachsenen.

In der Fantasiewelt stärkt das Kind sein Selbstwertgefühl und gleicht mangelndes Können aus. Träume, ein Superheld zu sein und über seine Fähigkeiten zu verfügen, verleihen dem Kind Kraft und Mut, in einer Gruppe zu bestehen und die eigene Meinung kundzutun.

Gedanken für die Eltern

Die Stärkung der Freundschaftsfähigkeit Ihres Kindes ist nach wie vor eine wichtige Aufgabe der Eltern (siehe *Spielregeln der Freundschaft* auf S. 149). Es ist wichtig, mit dem Kind über Gleichberechtigung und Individualität zu sprechen und darüber, dass jeder Mensch es verdient, gleich wertgeschätzt und freundlich behandelt zu werden. Faire Regeln in der Gruppe bedeuten, dass alle dabei sein können und niemand ausgeschlossen wird. Jedes Mitglied der Gruppe muss dafür Sorge tragen, dass niemand gequält oder benachteiligt wird. Mithilfe dieser Gespräche lernt das Kind, das Verhalten anderer Menschen zu beurteilen und darüber zu sprechen. Ein Kind spürt, wer sich fair verhält und was man für ein fröhliches Miteinander und einen guten Gemeinschaftsgeist tun kann. Erwachsene sollten mit ihren Kindern darüber sprechen, in welches Verhalten sie einwilligen können und welchem sie lieber nicht zustimmen sollten.

Ein Kind kann sich zu Hause als Teil des Familien-»Rudels« ganz anders verhalten als in der Schule in der Gruppe Gleichaltriger. Sie können nicht wissen, wie sich Ihr Kind anderen in der Gruppe gegenüber verhält, wenn Sie nicht eine offene Gesprächskultur sowohl gegenüber Ihrem Kind als auch gegenüber Lehrern und anderen Eltern haben. Vielleicht fügt sich Ihr Kind zu Hause still ein, ist aber auf dem Schulhof der Bestimmer? Oder ein Kind mit einem starken Willen zu Hause gibt unter Kindern schnell nach.

Eine vor allem zuhörende Haltung ist enorm wichtig in Situationen, in denen Ihr Kind gemobbt wurde oder andere verletzt hat. Statt zu urteilen oder es nicht wahrhaben zu wollen, sollten Sie Ihrem Kind zur Seite stehen. Überlegen Sie gemeinsam, wie es dazu kommen konnte. Situationen können vielschichtig sein, vor allem aus Sicht des Kindes. Sprechen Sie gemeinsam darüber, welche Dinge dazu geführt haben, was passiert ist und wie das Kind dabei gefühlt hat. Wie es sich für das Kind, das gemobbt wurde, angefühlt hat, um welche Bedürfnisse es ging und wie man sie positiver hätte erfüllen können. Und zum Schluss darüber, was man aus dem Vorgefallenen lernen und wie man es wiedergutmachen kann.

Das Kind braucht Wissen und Verhaltensmuster. Was soll es beispielsweise antworten, wenn jemand sagt: »Du bist dumm, fett und hässlich!« Solche Beschimpfungen hört fast jedes Kind irgendwann. Wie kann man darauf reagieren, wenn Prügeln verboten ist? Eine gute Methode ist auch, dem Kind Bücher vorzulesen, in denen es um Mobbing geht, und mit ihm gemeinsam fertige Antworten und vernünftige Handlungsmuster zu überlegen. Außerdem sollten Sie Ihrem Kind sagen, dass häufig die gemobbt werden, die weinen, sich leicht aufregen oder schnell verstummen. Ein selbstbewusstes, entschieden auftretendes Kind wird dagegen häufiger in Ruhe gelassen.

DER FREUND MEINES FREUNDES

Kinder denken sich allerlei Streiche aus. Vor allem auf der Suche nach Anerkennung werden Kinder verleitet, schädliche Dinge zu machen. Sind sie zu zweit, können dann Fenster eingeworfen, jemand verletzt oder Wände beschmiert werden.

Auch wenn Kinder ein tiefes Gerechtigkeitsempfinden haben, »petzen« will keines gern. Die Freundschaft und Anerkennung des anderen Kindes sind enorm wichtig. Lehrer und Eltern sehen sich möglicherweise veranlasst, die ganze Gruppe zu verurteilen und zu bestrafen, weil sie glauben, die Kinder hätten sich »gemeinsam« schuldig gemacht, dass etwas oder jemand zu Schaden gekommen ist. Viele Kinder sehen und wissen, dass etwas falsch ist, aber können, wollen oder trauen sich nicht, etwas zu sagen. Das Geheimnis belastet das Kind und es kann zu unverhältnismäßigen Ausbrüchen in ganz anderen Zusammenhängen kommen, wenn das Kind sich ungerecht behandelt fühlt. Eine Kleinigkeit kann zu einem Wutanfall führen und das Kind begehrt gegen Erwachsene auf.

Mit Kindern sollte über die Ärgerkette (Seite 34) gesprochen werden und darüber, dass immer Gefühle, Gedanken und Bedürfnisse hinter einer Tat stecken, die es sich zu analysieren lohnt. So kann das Verhalten des Kindes leichter verstanden und der Grund hinter seinem veränderten Verhalten gefunden werden.

Man kann Kindern erklären, warum die Erwachsenen geglaubt haben, die gesamte Gruppe Kinder sei schuld, obwohl in Wirklichkeit nur eines den Schaden verursacht hat. Dadurch fühlt sich das Kind ermutigt, seine Version des Geschehenen zu erzählen.

VERHINDERN JA, RÄCHEN NEIN

Ein kleines Kind wird oft versuchen, sich zu rächen, wenn ihm jemand etwas getan hat. Wurde es ungerecht behandelt, glaubt es auch, dazu ein Recht zu haben. Rache in einem Gefühlsaufruhr ist allerdings keine gute Idee und kann schwerwiegende Schäden und große Schwierigkeiten zur Folge haben. Auf Rache folgen meist wieder Rache und Gewalt. Um aus so einer Gewaltspirale wieder herauszukommen, muss man an sich arbeiten.

Früher war die Ermutigung zu Gewalt für Kinder normal. Man glaubte, ein Kind müsse in der Lage sein, sich zu prügeln, denn Gewalt sei unvermeidbar. Wurde ein Kind geschlagen, hieß es: »Und, hast du zurückgeschlagen? Der Typ verdient ordentlich eins übergezogen!« Damit hatte die Gewaltspirale ihren Anfang genommen. Auch die Kindererziehung war von Gewalt geprägt.

Jeder hat die Möglichkeit, eine Wahl zu treffen und sein Verhalten zu ändern.

Mit Kindern und jungen Menschen sollte über die Gefahren der Gewaltspirale gesprochen werden. Man sollte immer dazwischengehen, wenn jemand einem anderen schadet oder ihm Schmerzen zufügt. Es ist wichtig, Gewalt zu verhindern. Gewalt darf nicht mit Gewalt beantwortet werden. Werden Sie angegriffen, verhindern Sie es und verteidigen sich – aber nur so weit es notwendig ist. Oft ist Flucht die beste Wahl. Auch Gewalt gegenüber einem nahestehenden Menschen sollte nicht mit Gewalt beantwortet werden. Keiner sollte sich zum Richter aufspielen und Strafen austeilen. Mögliche Strafmaßnahmen werden auf andere Weise geregelt.

Für Kinder ist die Anerkennung anderer wichtig, trotzdem ist es falsch, allem zuzustimmen. Gewaltlosigkeit ist ein wichtiger Grundsatz und sollte vor allem dann betont werden, wenn eine größere Zahl Kinder auf der Suche nach ihrem Platz ist. Einem Kind, das die Gruppenfertigkeiten erst erlernt, muss man die Unterschiede zwischen einer sicheren Gruppe und einer gewaltbereiten Gruppe erklären.

Es gibt Menschen und Gruppen, die zu Rache und Gewalt neigen und anstacheln. Auch das sollte man Kindern und Jugendlichen sagen. Körperliche Gewalt ist auch dann nicht erlaubt, wenn der andere angefangen, dazu aufgefordert oder ihr zugestimmt hat. Der Gruppenzwang kann so stark sein, dass man das Gefühl hat, man habe keine andere Wahl, als bei der Gewalt mitzumachen. Jemand, der zu Gewalt anstiftet, behauptet vielleicht, dass manche einfach schlechter sind und Schlechtes verdienen, schlecht behandelt zu werden. Oder dass jemand eine Strafe verdient hat und hier die Anwendung von Gewalt berechtigt sei.

Das ist falsch – es ist sogar kriminell. Die Folgen von Gewalt sind immer gravierend. Wer zur Gewalt greift, ist dafür immer selbst verantwortlich, egal was die anderen sagen. Bei der Selbstverteidigung gilt der Grundsatz, dass die mildeste Art und Ausführung zu wählen ist. Ein Angriff sollte so verhindert werden, dass für alle Beteiligten die Auswirkungen möglichst gering bleiben.

Menschen, die zu gewaltbereit oder gar gewalttätig sind, gilt es zu meiden. Ein gewalttätiges Verhalten erzeugt Gewalt auch in anderen.

9. ICH BIN 9–11 JAHRE ALT UND WILL MICH BEWEISEN

Das Kind hat in dem Alter schon seine Stärken gefunden, es freut sich über seine Fähigkeiten, sein Können und seine Erfolge. Es hat Freunde in der Schule und in der Freizeit. Es möchte neue Dinge und Fähigkeiten lernen und hat Hobbys. Es erfordert etwas Mühe, das richtige Hobby zu finden, denn Kinder möchten in allem, was sie anfangen, sofort gut sein. Das Kind mag davon ausgehen, dass allein der Wille reicht, um Erfolg zu haben. Auch will es sofort Erfolg haben, und zwar deshalb, weil es das will. Wettkampf ist auf neue Art wichtig und der Wunsch zu gewinnen kann gewaltig sein. Das Kind will sogar der/die Beste sein.

Demgegenüber ist die Fähigkeit, verlieren zu können, noch nicht sehr ausgeprägt und Misserfolge werden oft von Weinen und innerer Wut begleitet. Die Kinder ärgern sich über das eigene Nichtkönnen und die eigenen Grenzen. Misserfolge und Niederlage verursachen beim Kind eine schmerzliche Enttäuschung und manchmal sogar das Gefühl, falsch oder unvollkommen zu sein. Unter dem zwingenden Wunsch zu siegen kann das Kind auch leiden. Da kann es helfen, die Schuld bei anderen zu suchen. Wettkämpfe werden zu einer immer ernsteren Sache, ebenso wie Aussehen, Gewicht und Kleidung.

Der Traum, alle anderen zu besiegen, kann zu einem brennenden Verlangen werden. Ebenso wie die Enttäuschung darüber, zugeben zu müssen, genau wie die anderen und normal zu sein. Diese Gefühle lässt das Kind auf gewohnte Art und Weise raus – entweder durch Aktion, Streit, Lesen oder Spiel. In dieser Phase sind Schlafstörungen nichts Ungewöhnliches.

Interessen und Freizeitaktivitäten des Kindes können sich ändern. Vielleicht will es verschiedene Angebote auf der Suche nach dem zu ihm passenden Hobby ausprobieren. Auch ein einzelnes Schulfach wie Sport oder Mathe kann zu Wettstreiten herausfordern und viel Aufmerksamkeit und Zeit beanspruchen. Das Streben nach Erfolg im Freundeskreis gewinnt an Gewicht. Die Anerkennung von Gleichaltrigen ist aus Sicht des Kindes vielleicht sogar wichtiger als die von Erwachsenen. Gleichaltrige verstehen die Ursachen von Kummer besser und begeistern sich für die gleichen Dinge. Kommt es zum Streit oder gar zu einer Trennung, tut das weh. Alles Unrecht und jegliche Schikane durch den Freund/die Freundin ist schwer zu ertragen.

Gedanken für die Eltern

Eltern sollten ihr Kind bei seinen Hobbys unterstützen, es jedoch zu keiner Aktivität zwingen, die es nicht selbst will. Erwachsene sollten den Drang des Kindes, gut sein zu wollen, fördern. Siege oder Superleistungen sollten sie allerdings nicht einfordern, das würde nur Leistungsdruck und ein Gefühl der Unzulänglichkeit auslösen. Lassen Sie es also bleiben, schreiend am Spielfeldrand zu stehen. Es kommt darauf an, das Selbstwertgefühl des Kindes zu stärken und zu betonen, wie gut und wichtig es ist, selbst wenn das Kind oder die Mannschaft nicht gewonnen haben. Sagen Sie ihm, dass man nur durch ausdauerndes Trainieren und fleißiges Üben besser wird, nicht aber durch Meckern und Fordern.

Ausdauer und der Wunsch, etwas auszuprobieren, sind wichtiger und verdienen mehr Lob als supertolle Erfolge. Erklären Sie Ihrem Kind, dass man durch Üben weit kommt und nach Niederlagen nicht verzagen, sondern es einfach noch mal versuchen sollte. Es hilft dem Kind, wenn ein Erwachsener es lobt und anspornt, ihm aber gleichzeitig auch sagt, dass man nicht in allem der Beste sein kann. Das Kind muss das Gefühl haben, zu genügen und gut zu sein, selbst wenn es über keinerlei besondere Talente verfügt. Seine Fähigkeiten sind gut so, wie sie sind, denn man kann sie weiterentwickeln.

Niederlagen und Misserfolge verursachen beim Kind mitunter ein tiefes Gefühl der Enttäuschung, aber es wird dies überstehen. Man braucht ein Kind nicht vor Enttäuschungen zu schützen, vielmehr sollte man mit ihm gemeinsam üben, das Gefühl der Enttäuschung zu verarbeiten. Durch sein Vorbild zeigt der Erwachsene, dass er das Gefühl akzeptiert und erträgt. Dann lässt man sich ruhig auf das Gefühl ein und hält es aus, bis es nachlässt. Der Grund für die Enttäuschung mag aus Sicht des Erwachsenen nichtig erscheinen, kann aber für das Kind ein unerträglicher Rückschlag sein. Der Wunsch nach Erfolg war vielleicht überdimensioniert. Es hilft, über die Enttäuschung zu sprechen oder zu weinen, zu malen oder irgendetwas anderes zu tun. Methoden, eine Enttäuschung auszuhalten, kann man gemeinsam einüben. Hierzu mehr auf Seite 173.

Wenn aber der Wunsch zu siegen und der Schmerz über die Enttäuschung unerträglich werden, kann man sein Kind auch vor Wettbewerbssituationen in dieser schwierigen Phase schützen.

In dieser Phase verfügt das Kind möglicherweise schon über wichtige Freundschaften. Dennoch braucht es an seiner Seite einen Erwachsenen, dem gegenüber er seine Enttäuschung rauslassen kann und der ihm beisteht und hilft, wenn der Freund es enttäuscht oder verlassen hat. Eltern stärken das Selbstwertgefühl ihres Kindes am besten, wenn sie ihm sagen, wie sehr sie es schätzen und dass es bestimmt neue, gute Freunde finden und mit ihnen Spaß haben wird. Ob man glücklich ist, hängt von einem selbst und den eigenen Versuchen ab, nicht davon, ob ein anderer mein Freund sein will oder nicht. Die Schlüssel für ein gutes Leben findet man immer wieder. Nach Enttäuschung und Trauer kehren Freude und Glück mit der Zeit zurück, auch wenn das im Moment der Enttäuschung schwer vorstellbar ist. Auch unerträgliche Gefühle gehen vorüber. Das zu lernen ist wichtig.

GEFÜHLE TEILEN

Die Nähe eines Erwachsenen ist für ein Kind besonders wichtig, wenn es gerade eine schwer zu ertragende Gefühlserfahrung durchleidet. Erzählt ein Kind von einem schmerzhaften Gefühl oder zeigt dies, dann ist das ein Ausdruck seines Vertrauens. Gestatten Sie Ihrem Kind in der schlimmsten Phase des Gefühls, über das Ziel hinauszuschießen und zu übertreiben, denn mit Ihnen fühlt es sich sicher und traut sich, es rauszulassen. Ein anderes Kind zeigt seine Gefühle vielleicht so gut wie gar nicht, sondern erstarrt vor Angst, Wut und Enttäuschung. Eltern fühlen sich dem möglicherweise nicht gewachsen und wissen nicht, was sie tun sollen. Vielleicht müssen sie auch den Gefühlsaufruhr in sich beruhigen. Es reicht, wenn Sie bei Ihrem Kind sind, ihm beistehen und zuhören. Warten, Zuhören und Aushalten – das können Sie tun. Stellen Sie Fragen. Staunen Sie.

Seien Sie nicht nervös, wertend oder ablehnend. Bemerkt der Enttäuschte (oder Wütende), dass Sie ruhig bleiben, wird er sich allmählich auch beruhigen. Dann fühlt er sich mit seinem Gefühl nicht mehr allein. Der Umstand, dass der Erwachsene nicht nervös wird, vermittelt dem Kind inmitten der Enttäuschung das dringend ersehnte Gefühl von Sicherheit.

ENTTÄUSCHUNG AUSHALTEN

- Das Gehirn eines Kindes ist (genauso wie das eines Jugendlichen) noch nicht weit genug entwickelt, um die ganze Situation zu erfassen. So ist es fast unmöglich, Misserfolge richtig einzuordnen.
- Ein Kind begeistert sich innerhalb weniger Augenblicke und konzentriert sich vollkommen auf den Wettkampf oder das Spiel. Kommt es dann zu einer Niederlage, erscheint ihm die Enttäuschung nicht nur niederschmetternd, sondern auch unwirklich und unfair zu sein.
- Die Enttäuschung bekommt für das Kind unverhältnismäßig viel Gewicht. Das ist ganz natürlich, denn die Fähigkeit, die Zukunft einzuschätzen, ist noch nicht ausgebildet. Hier sind die emotionalen Fähigkeiten und der Beistand von Eltern und Freunden gefragt.
- Auch wenn die Sache aus Sicht der Eltern nur eine Kleinigkeit ist, für das Kind geht es um etwas Großes und Herunterspielen hilft gar nicht. Es ist erlaubt, zu weinen, zu fluchen oder zu schreien.
- Stehen Sie Ihrem Kind bei. Teilen Sie das Gefühl der Enttäuschung mit ihm.
- Halten Sie Ihre eigenen Gefühle der Enttäuschung aus. Die Hoffnungslosigkeit des Kindes kann auf Sie übergehen und Ihre Reizschwelle überschreiten, wenn Sie streng und fordernd erzogen worden sind oder gerade in dem Moment andere Sorgen haben.
- Erst wenn die größte Gefühlswallung vorbei ist, kann man anfangen zu denken. Überlegen Sie mit dem Kind, was Sie jetzt tun könnten. Hören Sie, was das Kind denkt, ohne ihm Ihre Ideen aufzudrängen. Die Gefühlslage und Bedürfnisse des Kindes sind das Wichtigste, nicht, was Ihrer Meinung nach jetzt zu tun ist. Zuhören ist an diesem Punkt wichtiger als Unterweisung.
- Lassen Sie Ihr Kind seine Gefühle beschreiben und frei äußern, ohne sie zu bewerten, und teilen Sie sie. Gestatten Sie ihm auch alle negativen Gedanken wie Arroganz, Egoismus, Neid und Rache, aber verstärken Sie sie nicht.

- Fordern Sie nichts Unmögliches, wie die Gefühle zu unterdrücken oder Tapferkeit.
- Sagen Sie ihm, dass Rückschläge zum Leben dazugehören. Alle erleben sie, auch die erfolgreichen Sieger. Enttäuscht- und Verlassenwerden, Fehler und Niederlagen sind Teil des Lebens. Vorübergehende Leid- und Schmerzerfahrungen machen alle durch. Sie gehen vorüber, man muss sie aushalten.
- Bringen Sie Ihrem Kind Selbstmitgefühl bei (Seiten 177–178).
- Lenken Sie zum Schluss das Denken in eine bejahende, hoffnungsvolle Richtung. Morgen ist alles schon besser.

Es ist gut, wenn Eltern mitfühlend sind. Es ist nicht gut, wenn sie sich zu sehr auf das Gefühl des Kindes einlassen. Es ist möglich, ein Gefühl auch unbewusst zu kopieren, schützen Sie sich dagegen. Sie dürfen und müssen sogar Ihr Wohlbefinden, Ihre Stärke und Gelassenheit schützen, denn nur so können Sie Ihrem Kind helfen. Mögliche Gedanken sind: *Ein Gefühl braucht man nicht zu fürchten oder zu beseitigen. Es ist nichts gravierend Schlimmes. Gleich ist das Gefühl vorbei. Das Gefühl ist in dem Kind, nicht in mir und ich muss es nicht davon befreien. Es kommt damit klar. Zusammen kommen wir damit klar.*

Danach ist es vielleicht schon genug, dass Sie still sind und das Kind sein Gefühl aushalten lassen. Nach einer Weile kann es sicher mehr sagen. Wenn Sie bei ihm sind, ist es für das Kind leichter, das Gefühl zu ertragen, und dann wird es von allein nachlassen. Dann kommen ihm vielleicht auch gute Ideen, was es gegen die Enttäuschung tun könnte. Ist das Gefühl am Abebben, setzt auch sein Verstand wieder ein und es findet einen Ausweg aus der Situation, die sich eben noch wie eine totale Sackgasse angefühlt hat.

Erst wenn das Kind bereit ist, dass Sie seine Hand nehmen, es streicheln oder drücken, können Sie es durch Berührung trösten. Respektieren Sie, dass Ihr Kind Zeit braucht, um seine Enttäuschung zuerst nur allein für sich weinend, schreiend, verbal oder wortlos herauszulassen.

Wenn Sie ihm zeigen wollen, dass Sie sein unerträgliches Gefühl verstehen, vermeiden Sie seichte Ratschläge wie: »Na, das ist doch nicht so schlimm. Du hast einen Fehler gemacht. Ich weiß, wie sich das anfühlt. Ich habe so etwas auch schon erlebt. Reiß dich zusammen. Vergiss es!« Solche Äußerungen helfen nur bei kleinen Sorgen, wenn sich das Kind zum Beispiel den Zeh gestoßen hat. Bei großen Enttäuschungen klingen sie nach Herunterspielen. Wenn Ihr Kind sich mit seinem besten Freund gestritten hat, wirkt das, als sähen Sie in seinem Kummer nur ein kleines Ärgernis und das kann seine Niedergeschlagenheit noch vertiefen.

Ein enttäuschter Mensch hat das Gefühl, allein im Dunkeln an einem steilen, rutschigen Abhang zu stehen. Wäre er in der Lage, würde er vielleicht sagen: »Bleib einen Moment hier bei mir. Zeig mir, dass du keine Angst hast. Ich weiß nicht, ob ich hier je wieder rauskomme.« Ein Verzweifelter ist taub für vernünftige Worte, denn das Gefühl verhindert den Gebrauch des Verstandes. Zuerst muss sich das Gefühl beruhigen. Aber das kann man nicht befehlen. Für die Zeit der Gefühlswallung braucht das Kind Sicherheit. Erst später ist es in der Lage, nach Auswegen aus der Situation zu suchen.

Besser ist es zu sagen: »Sprich es aus. Ich bin hier. Ich höre dir zu. Lass die Verzweiflung zu. Alle Gefühle sind okay. Du darfst so fühlen. Das war sicher fürchterlich und fühlt sich schrecklich an. Das ist schwer für dich. Ich bin bei dir. Sag, wenn ich dir helfen kann. Es ist in Ordnung, wenn du lieber allein sein willst. Sag, wenn du einen Zuhörer oder eine Schulter brauchst.« So kann das Kind fühlen, dass Sie bei ihm sind. Dann teilen Sie seine Gedankenwelt und seine Gefühlserfahrung. Dann fühlt der Verzweifelte, dass er nicht mehr allein ist.

SPRECHEN FÄLLT SCHWER

Für ein Kind ist es eine schwere Aufgabe, über ein kompliziertes Gefühl zu sprechen. Es fällt ihm schwer, die richtigen Worte für den starken inneren Aufruhr zu finden. Worte sind immer nur eine begrenzte Ausdrucksform für die eigene Erfahrung. Das Gefühl kann groß, finster, beängstigend sein und Gedanken, Körper, die ganze Welt ausfüllen. Enttäuschung, Verzweiflung, Niedergeschlagenheit und Wut sind besonders schwer in Worte zu fassen.

Das Kind versucht, die richtigen Worte für das zu finden, was es erlebt hat. Es wählt Worte, die sein Gefühl am treffendsten beschreiben. Die Worte, die es in dieser Situation wählt, sind wichtig. Wer ein Gefühl teilen und helfen möchte, in diesem Fall die Eltern, sollte ebenfalls genau diese Worte verwenden.

Es stört in keiner Weise, wenn das Kind ungewöhnliche Worte wählt, die Sie selbst nicht verwenden würden. In diesem wichtigen Moment, wenn Sie die Gefühlserfahrung Ihres Kindes teilen wollen, müssen Sie die Worte wiederholen, die Ihr Kind benutzt. Dann wird es glauben, dass Sie es wirklich verstehen, seine Erfahrung teilen und Ihr Bestes tun.

Es ist wichtig, dass Sie die Worte des Kindes respektvoll wiederholen, wenn Sie sein Gefühl teilen wollen. Das ist eine bedeutende Handlung, auch wenn es Ihnen nicht so erscheinen mag. Aber es ist genau das, was das enttäuschte Kind braucht. Es erfordert viel mentale Kraft, selbst ruhig zu bleiben und auf die Fähigkeit des Kindes zu vertrauen, sein Leid zu ertragen und selbst einen Ausweg zu finden. Sie können ihm das Gefühl sowieso nicht nehmen, jeder muss lernen, damit allein klarzukommen.

Wenn es sich um ein Gefühl handeln sollte, das Sie selbst nur schwer ertragen können, lassen Sie Zeit verstreichen, holen Sie tief Luft und beruhigen Sie sich. Ihre Stärke, Ausgeglichenheit und sichere Ausstrahlung helfen bereits. Allein wenn Sie entspannt bei dem Kind sind, tun Sie ihm schon gut. Denken Sie an etwas Beruhigendes, an dem Sie sich festhalten können.

- Rückschläge, Misserfolge, Fehler und Zurückweisungen lösen tiefe Gefühle aus. Wie sehr man leidet, hängt aber auch davon ab, wie viel zusätzlichen »Unmut« man rund um das Geschehene anhäuft: ob man sich selbst tadelt, zetert oder andere beschuldigt. Das Ärgernis wird durch zusätzliches Wüten nicht verschwinden und nicht leichter zu ertragen sein. Dadurch wird man die Situation nicht lösen oder etwas daraus lernen. Es nützt rein gar nichts, sondern schadet nur und schwächt die Kräfte und das Selbstwertgefühl.
- Misserfolge und Fehler passieren jedem. Manchmal sind sie groß und schwer zu ertragen. Selbstgeißelung und das unnötige Heraufbeschwören von Unmut erschweren jedoch nur deren Bewältigung, da sie das schlechte Gefühl und die emotionale Belastung noch verstärken.
- Sie ertragen Rückschläge besser, wenn Sie die Fähigkeit zum Selbstmitgefühl erlernen. Bringen Sie sie auch Kindern und Jugendlichen bei. Selbstmitgefühl heißt, sich selbst der beste Freund zu sein. Es ist möglich zu lernen, den eigenen Verdruss und die Enttäuschung zu akzeptieren und ihnen mit Mitgefühl zu begegnen. Selbstmitgefühl ist Gutherzigkeit und Freundlichkeit gegenüber sich selbst.
- Zum Selbstmitgefühl gehören vier Phasen:
  1. Erkennen Sie das eigene Leid. Gestehen Sie sich ein, dass Sie sich jetzt wirklich schlecht fühlen, und begegnen Sie diesem Gefühl mutig. Der Selbsthass versucht, es zum Verstummen zu bringen. Konzentrieren Sie sich voller Mitgefühl auf den Schmerz in Ihrem Inneren. Sagen Sie sich: *Mensch Raisa, jetzt fühlst du dich richtig mies, peinlich, schlecht und enttäuscht.* Akzeptieren Sie, dass etwas schiefgegangen ist, und stehen Sie sich tapfer zur Seite bei dem, was kommt.
  2. Trösten Sie sich durch warme Worte. Sprechen Sie zu sich wie ein guter Freund, anstatt sich Vorwürfe zu machen: *Raisa, keine Panik, alle sind am Leben. Wir werden das überstehen – so oder so.*

Manchmal laufen die Dinge nicht so, wie wir es uns wünschen. Lass uns in Ruhe schauen, was wir tun können.

3. Halten Sie zu sich. Bringen Sie die tadelnden und verachtenden Stimmen in sich zum Schweigen, die rufen wollen: *Dummkopf*. Lächeln Sie sich lieber zu. Werten Sie sich weder durch Worte noch durch Gesten ab.

4. Allgemeines. Erinnern Sie sich daran, dass alle Menschen Fehler und Irrtümer begehen. Sagen Sie sich, dass Sie nicht schlechter oder dümmer sind als andere, auch wenn die Schuld jetzt bei Ihnen liegt. Das nächste Mal macht jemand anderes den Fehler. So sind wir Menschen nun mal.

- Reagieren Sie auf Widrigkeiten mit Selbstmitgefühl, dann kollabiert Ihr Selbstwertgefühl nicht und Sie ertragen Misserfolge und Enttäuschungen besser.
- Seien Sie Vorbild in Sachen Selbstmitgefühl und vermitteln Sie es weiter an Kinder und Jugendliche. Es wird ihnen ihr ganzes Leben lang helfen.
- Alle Menschen verdienen Mitgefühl und Verständnis. Auch Sie!

---

10. ICH BIN 10–12 JAHRE ALT, BIN ICH GUT GENUG?

Die Aktivierung der Hormontätigkeit in der Pubertät setzt allmählich ein und weckt typischerweise Gefühle der Unsicherheit. Das Wesen des Kindes wandelt sich von dem eines unbefangenen und ungezwungenen Kindes zu dem eines reservierten und nachdenklichen jungen Menschen. Möglicherweise ist das Kind besonders brav und versucht zu gefallen. Die Entwicklung des emotionalen Gehirns bringt Emotionen auf neue Art an die Oberfläche. Der eigene Körper und das Aussehen bekommen eine neue Bedeutung. Die körperlichen Veränderungen wecken Gefühle von Bewunderung bis Abscheu.

Mit zunehmender innerer Verwirrung kann die Selbstsicherheit aus Kindheitstagen bröckeln. Junge Menschen beginnen darüber nachzudenken, ob sie normal und gut genug sind. Durch den Vergleich mit in den Medien vermittelten Bildern und anderen selbstsichereren Jugendlichen nehmen Unsicherheit und Verletzlichkeit zu. Großwerden kann Angst einjagen. Lob von Freunden, aber auch die negativen Kommentare haben jetzt einen viel größeren Stellenwert als früher.

Die freundschaftlichen Beziehungen junger Menschen spielen in ihrem Leben eine viel größere Rolle. Vielleicht gibt es eine feste Gruppe aus wenigen Jugendlichen, die sich auf die gleiche Art kleiden und die gleichen Hobbys haben. Ein junger Mensch versucht sein Selbstwertgefühl zu stärken, indem er möglichst genauso ist wie die anderen. Märchen- und Fantasiefiguren helfen nun nicht mehr so sehr und interessieren auch weniger. Beliebt sind nach wie vor Abenteuergeschichten, in denen Kinder die Hauptrolle spielen, ebenso wie ungeschönter Realismus, Horror, Fantasy und Romantik.

Gedanken für die Eltern

Ein junger Mensch braucht viel Zeit, Anerkennung und Dank von Erwachsenen. Ansporn und positives Beachten stärken das Selbstwertgefühl des Kindes und jungen Menschen. Die Nähe des Erwachsenen wird gesucht und gebraucht. Botschaften wie *Mit dir ist es schön und ich bin gern in deiner Gesellschaft* sind wichtig. Durch Worte wie diese lernt ein verwirrter junger Mensch, sich selbst wertzuschätzen. Erwachsene sollten über Gefühle der Unsicherheit sprechen, von denen alle früher oder später betroffen sind. Ein schwankendes Selbstwertgefühl ist normal. Wir sind alle auf vielerlei Art unvollkommen. Mit einem vollkommenen Menschen würde sich vermutlich niemand auf längere Sicht wohlfühlen.

Ein junger Mensch lernt mit Unterstützung durch einen Erwachsenen auch weiterhin, seine Gefühle und Empfindungen zu benennen. Auch der Schutz des eigenen Körpers und des eigenen Bereichs sind Dinge, die man ihm beibringen sollte. Unsicherheit und Verwirrung bedeuten nicht, dass man andere verletzen darf. Niemand darf einem anderen Schmerzen zufügen, aber auch sich selbst muss man achten, schützen und verteidigen. Jeder Mensch hat ein Recht auf körperliche Unversehrtheit, das nicht durch Taten oder Worte verletzt werden darf. Verletzlichkeit und Empfindsamkeit bringen den jungen Menschen seinen Eltern noch einmal ganz nah, bevor in der Pubertät Aufbegehren und das Bedürfnis nach Distanz zunehmen.

11. ICH BIN 10–14 JAHRE ALT, BIN ICH SELTSAM?

Ein Kind mitten in der Pubertät hat häufig das Gefühl, dass mit seiner Größe oder seinem Aussehen etwas nicht stimmt. Die intensiv einsetzenden körperlichen Veränderungen verwirren das Kind und können Wut, Verärgerung, Niedergeschlagenheit und Sorge, aber auch Scham auslösen. Die Gefühle entladen sich als Trotz und überraschende Weinanfälle. Die Trauer um den Verlust des kindlichen Körpers und Status ist normal.

Die Veränderungen erfordern ständige Anpassung und Gewöhnung, zum Beispiel an die neue Körpergröße. Das Selbstwertgefühl eines jungen Menschen ist häufig schwankend und unsicher. Sein Spiegelbild erscheint ihm fremd. Er/Sie sucht nach Mitteln, sich mit seinem neuen Körper anzufreunden, indem er beispielsweise viel trainiert oder verschiedene Kleidungs- und Make-up-Typen ausprobiert. Tattoos und Piercings treten auf. Möglicherweise werden auch Fotos vom eigenen Körper in vielen Positionen ins Netz gestellt und um Kommentare gebeten. Ein anderer versucht vielleicht, seinen Körper ganz und gar zu vergessen und sich ganz auf seine Hobbys zu konzentrieren. Keiner weiß, zu welchem Endergebnis die ständige Veränderung führen wird. Die Entwicklung kann sich abwechselnd gut und schlecht anfühlen. In dem einen Fall wird der eigene Körper hervorgehoben, im anderen versteckt. Vielleicht versteckt sich der junge Mensch in einem übergroßen T-Shirt, hinter einem dicken Make-up oder er trägt Haare oder einen Hut tief über den Augen.

Indem man mit dem jungen Menschen über seine Erfolge und Herausforderungen spricht, stärkt man dessen Vorstellung von sich selbst. Ebenso hilft alles Wissen über die Veränderungen des Körpers und wie man mit ihnen und den anderen

Symptomen fertig wird. Brennende Fragen sind beispielsweise der Schweißgeruch, runder werdende Hüften oder bei Jungen fehlende Muskeln, obwohl die anderen Körperteile wachsen.

Der sich schnell entwickelnde Körper verleiht dem jungen Menschen mehr Kraft. Die Steuerung der eigenen Kraftanwendung gehört zu dem, was man in dieser Phase neu lernen muss. Ein kleines Schubsen oder Schlagen kann großen Schaden anrichten. Aufgrund des rasanten Wachstums können physische Zusammenstöße fast aus dem Nichts entstehen.

Bei den jungen Menschen kann Schwarz-Weiß-Denken einsetzen. Die Definition von richtig und falsch, gut und böse wird neu durchdacht. Neue Gefühle und Interessensgebiete wecken allerlei Begehren. Süßigkeiten und sogar Drogen können sehr verlockend sein. Sexuelle Impulse äußern sich in Erregung und Verliebtsein. Die Fähigkeit, Risiken einzuschätzen, ist noch relativ schwach, auch wenn der Drang nach Erlebnissen gewaltig sein kann. Eventuell fühlt sich der junge Mensch vollkommen verloren. Freundeskreis, Hobbys und Schule ändern sich möglicherweise. Kein Kind mehr, aber auch noch nicht annähernd im Erwachsenenalter, fühlt ein junger Mensch in diesem Alter sich mal zu dieser, mal zu jener Altersgruppe hingezogen. Vielen Dingen gegenüber ist er hilflos, was Verwirrung und Scham verstärkt.

Die Entwicklung des Gehirns vollzieht sich in schnellem Tempo. Verstand und die Fähigkeit, seine Gefühle und sein Verhalten zu kontrollieren, verbessern sich schrittweise. Immer seltener braucht der junge Mensch direkte Hilfe oder eine Person, die ihm unmittelbar beisteht, um sich zu beruhigen. Gleichzeitig wechseln die Gefühle unentwegt. Enttäuschungen und Verzweiflung können schrecklich sein und in diesen Situationen ist die Unterstützung Erwachsener gefragt.

Gedanken für die Eltern

Eltern tun gut daran, in der Nähe des Heranwachsenden zu bleiben und sich für seine Belange zu interessieren, auch wenn sich dieser mitunter abweisend und geringschätzend verhält oder wenn er sich einigelt und Beachtung oder Unterstützung braucht. Hören Sie darauf, was Ihr Kind gerade durchlebt. Seien Sie bereit, über Träume, Werte, Ängste, sein/ihr Selbstbild, Selbstgefühl, Medien oder Pornos zu diskutieren. Würdigen Sie die Gesprächseröffnungen; alles, worüber sich ein junger Mensch Gedanken macht, ist höchst sensibel. Sprüche wie »Mach dir nichts draus« oder »Ist doch egal« sind nicht genug.

Es ist gut, wenn ein junger Mensch Erfolge erfahren kann. Sagen Sie ihm/ihr, dass er so, wie er ist, genau richtig und eine wertvolle Gesellschaft ist. So lernt der verwirrte junge Mensch, sich selbst zu achten, und holt sich die Anerkennung nicht bei zweifelhaften Adressen. Betonen Sie, dass es das Herz und die Fähigkeit, ein guter Freund zu sein, sind, derentwegen ein Mensch beliebt ist. Menschliche Beziehungen, Mitgefühl, Dankbarkeit und die eigenen Interessen vermitteln Glückseligkeit und Wohlbefinden.

Ein regelmäßiger Alltag und Routinen sind in dieser rasanten Entwicklungsphase eine wichtige Stütze. Ausreichend Schlaf muss gewährleistet sein, auch wenn sich der Schlafrhythmus nach hinten verschiebt. Normale Reaktionen sind, sich mit Süßigkeiten zu trösten oder die Hygiene zu vernachlässigen als Protest gegen das Erwachsenwerden. Alle Kommentare zu Körper und Aussehen Ihrerseits müssen unbedingt positiv formuliert sein. Sprechen Sie über Gewicht und Aussehen mit äußerster Vorsicht und Mut machend. Es ist Ihre Aufgabe als Erwachsener, die jungen Menschen, die wegen ihres Aussehens unter enormem Druck stehen, zu stützen, positiv zu stärken und mit ihnen darüber zu reden. Allerdings können Sie schon sagen, dass Sauberkeit, Reinlichkeit, Lächeln, Freundlichkeit und gute Umgangsformen es wert sind, gepflegt zu werden. Und dass eine gesunde Ernährung, Bewegung und ausreichend Schlaf zum Aufblühen beitragen.

Auch über das Aussehen anderer Menschen sollten Sie respektvoll sprechen, denn junge Menschen hören genau zu. Scham behindert das Wohlbefinden, aber ein Schamgefühl sollte akzeptiert werden. Dem jungen Menschen sollte immer wieder gesagt werden, dass er so, wie er ist, gut ist. Gewicht, Körpergröße, Muskeln und Fett sind unterschiedlich bei den Menschen verteilt. Ein junges Mädchen braucht beim Kauf des ersten BHs oft Hilfe. Schuhe und Hosen sind dauernd zu klein, der Schweiß riecht anders, an Menstruation und Samenergüsse muss man sich erst gewöhnen. Es hilft Ihrem Kind, wenn Sie ihm das Vorbild eines mit seinem Körper zufriedenen Erwachsenen vorleben.

Bisherige Angewohnheiten, wie Umarmen, Drücken und Anfassen, sollten beibehalten werden, wenn Ihr Kind sie nicht verbietet. Oft wiederholte Berührungen stärken das Selbstwertgefühl.

Die Unterstützung von Freunden sowie Lob und Ermutigung durch Erwachsene sind wichtig. Etwaiges Herunterspielen kündet von Unsicherheit und Verwirrtheit. Ein junger Mensch muss trainieren, seine Emotionen zu kontrollieren und sein Selbstbild zu schützen. Sagen Sie ihm/ihr, dass diese verwirrende Phase zum Leben gehört und eine gute Sache ist: Auch für Erwachsene sind Schwankungen zwischen Selbstsicherheit und Unsicherheit normal. Trotz allem hat der junge Mensch auch diesen Tag überstanden und wird auch die kommenden Tage überstehen. Das Selbstwertgefühl wird nach und nach gestärkt, es besteht keine Eile. Es kostet viel Energie, klarzukommen, aber die Familie und die Eltern geben ihm/ihr Kraft.

GEFÜHLE UND KUNST

Kreative Beschäftigungen egal welcher Art stärken das Selbstbewusstsein, das Wohlbefinden, die mentale Gesundheit und das Ausdrucksvermögen. Musik, Schauspiel, Tanz oder jede andere Kunst sind wunderbar geeignet, um seine Gefühle rauslassen zu können. Papier ist ein einfaches und sicheres Material und nimmt alle Gefühle und Erlebnisse auf, egal ob gezeichnet, gemalt oder geschrieben. Kunst ist eine Mischung aus Wirklichkeit und innerer Erlebniswelt desjenigen, der sie schafft. Kunst ist Ausdruck der Gefühle, Gedanken und Ideen eines Menschen. Man kann sie frei interpretieren und betrachten. Es gibt viele Bücher, die sich mit Wut auseinandersetzen. Beim Lesen oder Hören fiktiver Erzählungen steigen Bilder aus dem eigenen Leben auf und das kann helfen, besser damit fertigzuwerden.

Es kann auch lustig und nützlich sein, Gefühle zu zeichnen. Sie können gemeinsam mit Ihrem Kind oder auch nur allein an ein bestimmtes Gefühl wie Scham, Wut oder Neid denken und dann eine passende Figur dazu zeichnen. Vielleicht einen schwarzen, knurrenden Hund, einen Tiger in einer Ecke, eine rote Flamme oder einen Vogel? Malen und betrachten Sie das Gefühl und geben Sie ihm einen Namen. Sie können das Kind auch mit Worten beschreiben lassen, wie sein wildes Tier aussieht.

Fotografieren Sie Ihre Gefühle

Schauen Sie sich gemeinsam wütende Menschen in Bildbänden oder auf Fotos an. Sprechen Sie darüber, wie sich die Menschen auf den Fotos fühlen: Dieser Junge sieht traurig aus. Warum ist er wohl traurig? Dieser Mensch regt sich fürchterlich auf. Was hat ihn wütend gemacht? Ein Foto, das Sie von dem Kind gemacht haben, als es wütend war, kann sehr interessant sein. Junge Menschen lieben es, sich und andere in den unterschiedlichsten Situationen und Outfits zu fotografieren. Das ist eine Art, ihr Selbstbild und Selbstwertgefühl aufzubauen. Auf Fotos sind jedoch nur selten oder nur ausgewählte Gefühle zu sehen. Ermutigen Sie Ihr Kind, sich mit verschiedenen Gefühlen zu fotografieren. So schaffen Sie sich und dem Kind ein neues Instrument, um die Vielfalt der Gefühle zu erkennen und sie zu steuern. Mithilfe von Bildern ist es einfacher, sich den Gefühlen zu stellen, als sie nur innerlich zu analysieren.

....

....

....

....

....

....

....

....

Gelingt es, das Gefühl außerhalb seiner selbst in einem Bild festzuhalten oder zu beschreiben, wird es wesentlich einfacher sein, es auszuhalten. Ein Bild oder einen Text kann man betrachten und verändern. Das Kind kann es anderen zeigen, die dann von ihren eigenen Erfahrungen erzählen können. Es ist tröstend und erleichternd, wenn man merkt, dass auch andere ähnliche Dinge fühlen und denken.

Ein künstlerisches Werk vermittelt häufig sowohl dem, der es gemacht hat, als auch dem, der es betrachtet, ein gutes Gefühl und Kraft. Schon allein die Betrachtung von Kunst hilft bei der Steuerung seiner Gefühle und vermehrt Wohlbefinden. In der Kunst kann man Gefühle und Erfahrungen anderer empfinden und Dazugehörigkeit spüren, wenn man Ähnliches empfunden und erlebt hat. Man kann den Mut anderer Menschen erkennen, offen zu sein sowie ihre Gefühle und Gedanken zu teilen. Kunst ist aus Gefühlen gemacht und häufig gelingt es, in einem Gemälde, einem Tanz, einem Satz oder einem Musikstück gleichzeitig traurige, fröhliche, beängstigende und hoffnungsvolle Gefühle zu entdecken.

Künstlerische Betätigung ist ein sehr gutes Gegengewicht zum übrigen Leben. Der Alltag von Kindern und jungen Menschen ist häufig zu leistungs- und zielorientiert. Bei kreativer Tätigkeit dagegen verschafft es Genuss, sich auszudrücken, und es bestehen keine festgelegten Erwartungen und Begrenzungen gegenüber dem Ergebnis. Kunst ist frei von Grenzen, man kann sich auf individuelle Art und Weise ausdrücken und so Genugtuung darüber empfinden, dass einem etwas gelungen ist. Kunst zu schaffen ist menschlich und teilnahmsvoll und erkennt die Perspektive des Individuums an. Schon prähistorische Menschen haben Höhlenmalereien angefertigt, getanzt und gesungen.

Halten Sie inne, seien Sie neugierig und bewundern Sie, wenn Ihr Kind etwas schafft, also malt, schreibt, Theater spielt, Musik oder Handarbeiten macht. Schildern Sie, wie es auf Sie wirkt und welche Gedanken es in Ihnen weckt: »Ich bin beeindruckt. Deine Vorführung hat in mir viele Gedanken und Gefühle geweckt. Wie fühlst du dich, wenn du das tust?« Ein Kunstwerk gemeinsam mit dem Kind zu betrachten kann im besten Fall zum Teilen eines Gefühls und einer gemeinsamen Erfahrung werden. Räumen Sie dem Zeit und Raum ein und schätzen Sie es. Vermeiden Sie unbedingt, Verbesserungsvorschläge zu machen, sofern Ihr Kind Sie nicht ausdrücklich darum bittet. So verinnerlicht Ihr Kind, dass es gut ist, anderen gegenüber über Gefühle und Erfahrungen zu sprechen. Das hat Einfluss auf die Lebenseinstellung des Kindes, ob es sich lohnt, seine innersten Gefühle anderen zu erzählen und zu teilen. Zeigen Sie ihm, dass es das gefahrlos tun kann, dass es sich dadurch erleichtert fühlen und neue Perspektiven erkennen kann.

12. REVOLUTION IM ALTER VON 12–15 JAHREN

In der Pubertät werden Jugendliche durch überschäumende Gefühle ermuntert, alles Bekannte und Sichere hinter sich zu lassen. Gleichzeitig entwickelt sich der Verstand langsamer. *Die Kindheit ist dumm. Die Jugend ist ausgelassen und lustig,* denkt der Jugendliche, der in Windeseile selbstständig wird. Im Verhalten des Jugendlichen gewinnen die Suche nach Nervenkitzel und das Aufbegehren einen ganz neuen Stellenwert. Die Entwicklung des Gehirns vermittelt neuen Mut und befähigt den Jugendlichen, seinen Weg raus aus der sicheren Familie und häuslichen Umgebung in die unglaublich große Welt und Eigenständigkeit zu gehen. Die Zunahme von Mut verringert die Unsicherheit und die Angst, unwissend und verletzlich zu sein.

Der Jugendliche sieht möglicherweise nahestehende Erwachsene in einem negativen Licht und orientiert sich noch mehr als bisher an Gleichaltrigen. Der Glaube an die eigenen Fähigkeiten kann auch unrealistische Ausmaße annehmen. Das Bedürfnis, sich zu lösen, ist so groß, dass der Jugendliche zumindest die Meinungen der eigenen Eltern infrage stellen muss. Der junge Mensch ist auf der Suche nach seinem Weg, nach eigenen Werten und möchte anders sein als seine Eltern. So bekommt er Bestätigung in seinem Drang nach Selbstständigkeit. Die Folge sind häufig Irritationen und Reibereien.

Jugendlichen scheint es oft, dass nur Gleichaltrige sie verstehen können und Eltern dumm und stumpfsinnig sind. Das eigene Zuhause wirkt schlecht, die Außenwelt in jedem Fall besser. Humor, Werte und Gedanken von Menschen im gleichen Alter wirken viel besser und vertrauter. Der Jugendliche bewundert mutigere und ältere junge Menschen. Fürsorge und Aufsicht durch nahestehende Erwachsene nerven dagegen oft und kommen dem Jugendlichen fast wie Bosheit vor. Andere Erwachsene wirken häufig wesentlich angenehmer als die eigenen Eltern. In der Jugend kann die Fähigkeit, Mimik zu erkennen, so verzerrt sein, dass der Jugendliche alle Gesichtsausdrücke der Eltern als feindselig wahrnimmt. Aus diesem Grund spricht er möglicherweise über Themen, die ihm wichtig sind, lieber mit Erwachsenen außerhalb der Familie.

Gedanken für die Eltern

Eltern sind möglicherweise überrascht, wie heftig die Veränderung voranschreitet. Noch in der vergangenen Woche wollte der Jugendliche Zeit mit seinen Eltern verbringen und hat freundlich geantwortet und jetzt hat sich sein Verhalten vollkommen verändert. Eltern mögen die wie aus dem Nichts auftretende Ablehnung und Opposition als schockierend, verletzend und ungerecht empfinden. Es ist allerdings nicht empfehlenswert, dem Jugendlichen ebenso unhöflich zu antworten, vielmehr sollte man sich um erwachsene Gelassenheit bemühen, vor allem, wenn das eigene Kind diese nicht aufweist. Einen Teil der Mimik und Worte kann man einfach ignorieren. Halten Sie Ordnung, Aufsicht und Regeln aufrecht, ohne den Jugendlichen einzuengen oder ihm seinen Mut zu nehmen. So wird er sich eines Tages wirklich trauen, selbstständig zu werden. Ein junger Mensch braucht Sicherheit und Kontrolle, selbst wenn er sich dagegen sträubt.

Die Pubertät bringt eine Reihe von neuen Gefahren und Bedrohungen mit sich, von denen der junge Mensch noch nicht viel weiß, denen er aber höchstwahrscheinlich begegnen wird. Aufgabe des Erwachsenen ist es, über diese zu sprechen und zu begründen, warum er dem Tun und Treiben des Jugendlichen Grenzen setzt. Hässliches Verhalten und falsche Handlungen sollten aber dennoch nicht hingenommen werden. Auf körperliches Abblocken sollte man nicht setzen, solange die Gesundheit nicht unmittelbar bedroht ist. Wertediskussionen und sachliche Begründungen sind das Mittel erster Wahl. Heimkommzeiten sind auf jeden Fall wichtig und ihre Einhaltung muss überwacht werden.

An diesem Punkt ist es wertvoll, über Freundschaftskompetenzen nachzudenken, denn sie werden in der Phase des Selbstständigwerdens besonders gebraucht, nützen aber das ganze Leben hindurch. Besitzt man sie, kann man auch echte Freunde von falschen unterscheiden.

Das Bedürfnis des Jugendlichen, andere Erwachsene den eigenen Eltern vorzuziehen, gilt es zu akzeptieren. Paten, Großeltern, Eltern von Freunden oder einzelne Berufsgruppen wie Lehrer oder Trainer können zu wichtigen Ratgebern für junge Menschen werden. So gut wie alle häuslichen Regeln werden infrage gestellt und der Jugendliche wird sich beschweren, dass die eigenen Eltern doof, zu streng oder peinlich seien. Verhalten Sie sich in einer Situation selbst verletzend, sollten Sie es zugeben und um Entschuldigung bitten. Es hängt von den Eltern und dem nahen Umfeld ab, wie leicht oder beschwerlich ein junger Mensch die Fähigkeit, um Entschuldigung zu bitten, erlernt.

Wenn Sie die Veränderung Ihres Kindes als zu schwer empfinden, dann holen Sie sich Hilfe von anderen Erwachsenen. Achten Sie auf Ihr Wohlergehen und Selbstwertgefühl, um die schwierige Zeit der Pubertät gut zu meistern. Nehmen Sie nicht alles persönlich, es ist nicht die Schuld des Jugendlichen, dass er wächst und sich entwickelt. Glücklicherweise wechseln sich Distanzstreben, eine unvermittelte Umarmung und Lächeln mitunter recht schnell ab. Je unverkrampfter Ihr Kind bisher mit Ihnen sprechen konnte, umso ungezwungener wird es Sie auch als Heranwachsender um Rat und Hilfe fragen.

Im Umgang mit dem Jugendlichen gilt es, standhaft, aber nicht schroff zu sein. Auch wenn er gegen Grenzziehungen rebellieren wird, lohnen Ratschläge und Auseinandersetzungen um Grenzen. Das Interesse und die Nähe der Eltern schützen den Jugendlichen vor Gefahren und bringen ihm bei, sich zu behaupten und Streitsituationen zu lösen. Fehler und Irrtümer kommen vor, aber man kann damit klarkommen. Eltern sind die Stütze ihrer Kinder, egal ob diese es wollen oder nicht. Sie sollten jedoch darauf achten, mehr die guten Seiten Ihres jugendlichen Kindes zu kommentieren und sein positives Verhalten zu stärken, anstatt es andauernd auf seine Fehler hinzuweisen. Seien Sie lieber ein Vorbild als Erwachsener, der seine Gefühle im Griff hat. Vielem Unsinn kann man mit Gelassenheit begegnen, indem man beispielsweise die Technik des Validierens anwendet.

VALIDIEREN, ZUHÖREN, WIEDERHOLEN

Validieren heißt, einen gereizten Menschen zu respektieren. Die einfachste Methode ist, seine Worte oder Ausrufe laut zu wiederholen. Wenn Sie beispielsweise mit einem tobenden Kleinkind oder einem trotzigen pubertären Jugendlichen nicht die Nerven verlieren wollen, wiederholen Sie seine Worte wie ein Echo. Das ist eine effektive Art, sich und den anderen zu beruhigen. Die Merkregel lautet: Werde zum Papagei.

Wiederholt man die Worte eines Menschen im Gefühlsaufruhr, fühlt sich dieser gehört und wird sich schnell beruhigen. Dann kann er dazu übergehen, sich sachlicher und klarer auszudrücken. Bald schon kann man mit ihm ganz normal über die Dinge reden, wenn das Gehirn vom Aufruhr in den Normalzustand zurückgewechselt ist.

In einem normalen Gespräch würde es seltsam klingen, die Worte des anderen zu wiederholen. Jemand in Rage empfindet das nicht so, vielmehr wird ihn das Papageiengeplapper beruhigen und er wird aufhören zu schreien. Probieren Sie es mal aus.

Wenn Sie die gegen Sie gerichteten Worte wiederholen, heißt das nicht, dass Sie damit einverstanden sind: »Du findest, ich bin doof und egoistisch.« Oder: »Du sagst, ich habe nicht recht.« Oder: »Du möchtest noch nicht schlafen gehen und noch spielen.« Auch wenn Sie anderer Meinung sind, vermeiden Sie Nein-Sätze, die fachen den Streit nur an. Ein Gespräch ist erst möglich, wenn sich die Wut gelegt hat.

Falls der Wütende sich trotz allem nicht beruhigt, können Sie dennoch damit zufrieden sein, dass Sie versucht haben, sachlich zu agieren, und sich nicht auf den Streit eingelassen haben.

Papageiengeplapper funktioniert auch bei ganz kleinen Kindern. Sprechen Sie laut aus, was das Kind getan hat oder schreit: »Du hast dir wehgetan. Du willst etwas Süßes. Du willst nach Hause. Du willst ein Eis. Du willst nicht schlafen. Du bist nicht müde. Kiti hat dich gehauen.« Das fühlt sich für das Kind sicher an und es empfindet, dass Sie ihm zuhören und auf seiner Seite sind und nicht gegen es. Das Kind fühlt eine Verbindung zu Ihnen und beruhigt sich. Das Wiederholen seiner Forderungen ist kein Versprechen, sondern eine Feststellung.

Befehle oder Argumente dagegen beruhigen nicht.

BERUHIGENDE GEDANKEN

Die Auswahl beruhigender Gedanken erfordert Planung im Vorfeld, eine bewusste Entscheidung und zielstrebiges Agieren auf dem Höhepunkt des Streits. Dabei geht es darum, die Gedanken weg von dem, was den Ärger auslöst, hin zu etwas Beruhigendem und Positivem zu lenken. Bringen Sie es Ihrem Kind bei und seien Sie selbst Vorbild.

Sie können beispielsweise vernünftig denken: *Ich konzentriere mich jetzt nur auf meine Sachen. Ich habe jetzt Wichtigeres zu tun, als mich zu streiten. Es lohnt sich nicht, nervös zu werden, ich denke lieber an etwas anderes. In dieser Situation würde ein Streit nur allen schaden. Ich spreche erst wieder darüber, wenn sich alle beruhigt haben. Ich will mir nicht die Laune verderben lassen.*

Jeder kann lernen, den Lauf seiner Gedanken zu steuern. Statt sofort wütend zu werden, kann man seine Gedanken auf etwas Positiveres, Lohnenderes oder Flexibleres lenken.

Ein beruhigendes Bild besänftigt, entspannt und macht froh. Es kann das Sofa zu Hause, eine Landschaft oder ein schöner Ferienort sein. Es kann aber auch ein vertrauter Mensch, ein literarischer Held oder Superman sein. Irgendetwas, das lockere und sichere Gefühle in Ihren Kopf und Ihren Körper strömen lässt.

WIE GELINGT ES, BERUHIGENDE GEDANKEN ZU FINDEN?

Wenn Sie einen Gefühlsausbruch verhindern möchten und sich das fest vornehmen, können Sie eine Reihe von Methoden erlernen und dann auch an Ihre Kinder weitergeben, um einen Streit zu vermeiden. Wenn Sie folgende Gedanken im Gedächtnis behalten und sie bei Bedarf abspulen, wird es Ihnen möglicherweise helfen, wenn Sie sich beispielsweise über jemanden richtig ärgern.

- Ja, das tut weh. Ich mache mir nichts daraus. Ist egal. Interessiert mich nicht.
- Sie/Er hat heute einen schlechten Tag und verhält sich dumm. Ich habe einen guten Tag und möchte mir den nicht verderben. Ich denke an etwas Angenehmes.
- Ich gehe woandershin und mache meine Sachen. Ich gehe zu anderen Kindern. Ich möchte keine Zeit damit verbringen, mich ärgern zu lassen.
- Dieser Streit geht mich nichts an. Die Sache ist mir egal, ich lasse mich nicht auf einen sinnlosen Streit ein.
- Streit bedeutet Probleme. Ich vermeide sie, wenn ich mich nicht darauf einlasse.
- Dem/Der anderen fehlt irgendetwas. Ihm/Ihr geht es nicht gut, er/sie verhält sich fürchterlich. Darauf will ich mich nicht einlassen. Ich konzentriere mich auf etwas anderes.
- Der hat sich vorgedrängelt, weil er schneller etwas zu essen kaufen will und weil er großen Hunger hat. (Denken Sie sich irgendeine Erklärung aus, die die ärgerliche Tat verständlich oder akzeptabel werden lässt. So können Sie Ihre Gedanken und Gefühle weg von der Verärgerung lenken und Gutes über den Ärgerverursacher denken.)
- Der andere ist sauer. Ich will nicht sauer werden. Ich schütze mein ruhiges, zufriedenes Gefühl. Ich möchte zufrieden sein und mich nicht ärgern. Ich schaue ihn nicht an und beachte ihn nicht. Dann über-

trägt sich sein Gefühl nicht auf mich. Ich denke an mein Haustier oder einen lieben Freund. Sie würden wollen, dass ich mich beruhige.

- Ich konzentriere mich darauf, an meinen Lieblingsort zu denken. Eine sichere, bekannte Umgebung, eine schöne Landschaft und der dazugehörige Geruch beruhigen mich.
- Ich habe Wichtiges zu tun. Ich konzentriere mich auf meine Pläne und Ziele. Ich will das machen, was ich vorhatte, und mein Ziel erreichen, denn es ist mir wichtig. Deswegen beachte ich den Ärgerverursacher jetzt nicht weiter.
- Wie fühlt sich dieser Vorfall in fünf Jahren an? Wie wichtig ist es für mich? Lohnt es sich, zu streiten und zu toben? (Schieben Sie auf diese Art den Vorfall weit in die Zukunft.)
- Das ist eine gute Übung für mich, denn ich habe beschlossen, meine Gefühle besser zu kontrollieren. Jetzt ist eine gute Gelegenheit zum Training. Zum Glück gibt es Menschen, die Ärger verursachen. Sie geben mir Gelegenheit, zu lernen und mich zu entwickeln. Ich bin dankbar für diese Möglichkeit. (Erinnern Sie sich an Ihr Versprechen, Ihren Ärger zu kontrollieren.)

An den beruhigenden Ort oder Umstand muss man mindestens eine Minute denken, damit es in Körper, Geist und Gefühlen wirken kann. Das erfordert Durchhaltevermögen und Entschlossenheit. Verstärken Sie Ihr Fantasiebild, indem Sie sich auf Einzelheiten konzentrieren: Wie riecht es, wie klingt es, wie fühlt es sich im Körper und im Geist an? Atmen Sie gleichzeitig bewusst langsam und tief. Innerhalb von ein paar Minuten werden sich Ihre Gefühle und Ihr Körper der beruhigenden Vorstellung anpassen. Überlegen Sie sich ein mögliches beruhigendes Bild bereits im Vorfeld, damit Sie wissen, worauf Sie Ihre Konzentration in einem schwierigen Moment lenken können.

Seinen Geist zu beruhigen und das Sicherheitsgefühl wiederherzustellen sind Fähigkeiten, die man trainieren kann. Das kann wann immer möglich geübt werden. Auch wenn sich alle um Sie herum streiten, können Sie trotzdem Ihren Gemütszustand und inneren Frieden schützen. Jeder weiß am besten, welche Methoden bei ihm wirken. Bei manchen funktioniert, dass sie sich eine schützende, unsichtbare, schöne Kuppel oder Glaskugel um sich herum vorstellen, unter der man sich in Sicherheit befindet, den Streit nicht hört und die von der schlechten Aggression oder den bösen Worten nicht durchdrungen wird.

Ein beruhigender Gedanke kann im Moment helfen, aber möglicherweise muss man sein Gefühl trotzdem rauslassen, wenn die Situation vorüber ist. Ein Streit kann im Körper verbleiben und Symptome auslösen. Auch, wenn der Streit sehr beängstigend oder aufwühlend war oder ein wichtiges Thema berührt hat, kann sich das Gefühl innerlich aufstauen.

Wenn Sie in einem angespannten Zustand sind, können Sie die Wut später bei einer ungefährlichen, aber kräftezehrenden Tätigkeit abbauen. Das kann etwas sein, das Sie gleich getan hätten, wenn Sie die Möglichkeit gehabt hätten, so zu reagieren: beispielsweise joggen, Musik hören, kalt duschen, schwere körperliche Arbeit verrichten, auf zwei Beinen hüpfen, den ganzen Körper schütteln oder allein im Zimmer schreien. Viele lassen ihr Gefühl auch beim Malen oder Schreiben raus oder indem sie mit jemandem reden.

Bringen Sie auch Ihr Kind dazu, sich etwas Gefahrloses zu überlegen, das es tun kann, wenn das Gefühl es übermannt. Aktivität macht es leichter zu ertragen.

Listen Sie hier auf, welcher Gedanke, welche Landschaft, welches Ereignis, welche Farbe, welcher Mensch oder welche andere Sache Ihnen Freude bereitet.

Was löst in Ihnen ein heiteres Gefühl aus?

Woher bekommen Sie das Gefühl von Sicherheit in Ihrem Körper und in Ihrem Geist?

Welcher Mensch oder welche Gestalt könnte für Sie Vorbild in Sachen Seelenruhe sein, weil er oder sie durch nichts aus der Bahn zu werfen ist?

Wofür sind Sie besonders dankbar?

....

....

....

....

....

....

....

....

....

....

....

....

13. KOSMISCHE EINSAMKEIT IM ALTER VON 13–16 JAHREN

Die Suche nach der eigenen Identität und dem Selbstbild wird immer wichtiger. Der junge Mensch fühlt nun immer schmerzhafter und wunderbarer, dass er wirklich erwachsen werden und lernen muss, für sich selbst Verantwortung zu übernehmen. *Wer bin ich, was wird aus mir und was will ich eigentlich im Leben?* Das sind große Fragen, die dem Jugendlichen durch den Kopf gehen. Das verursacht einerseits Qualen, aber inspiriert auch andererseits zum Träumen.

Die Erfahrung von Einsamkeit und Andersartigkeit in Gesellschaft anderer Menschen fühlt sich schlecht an. Zwischenzeitlich kommt es dem Jugendlichen so vor, als ob niemand ihn verstünde, nicht mal seine Freunde. Er/Sie fühlt sich wie hinter einer Mauer, getrennt von den anderen, so als käme er von einem fremden Planeten und als spräche er eine fremde Sprache, die keiner versteht. Vielleicht macht ihm/ihr Angst, was die Zukunft bringen mag, oder er/sie ist hilflos seinen/ihren Gefühlen ausgeliefert. Das Gefühl, zu allem Bisherigen, Vertrauten in seinem/ihrem Leben auf Distanz gegangen zu sein, verstärkt das Gefühl von Einsamkeit. Freunde werden neu beurteilt und Freunde wie auch Hobbys können wechseln. Akzeptiert zu werden wird gegenüber immer neuen Menschen getestet.

Der junge Mensch sucht sein wahres, erwachsenes Ich. Auch wenn es nach außen nicht so aussieht, in seinem Inneren besteht ein brennendes Verlangen, das ihn dazu zwingt, sich auf sein Inneres zu konzentrieren und über die Dinge und das Leben ernsthafter nachzudenken. Niedergeschlagenheit ist nichts Ungewöhnliches, ebenso wie sich ändernde Zukunftspläne. Vielleicht sucht der junge Mensch immer seltener Schutz bei seinen Eltern, weil er selbst herausfinden möchte, wer er ist. Das

Gefühl, losgelöst und unvollkommen zu sein, ist normal. *Warum habe ich so einen Körper? Bin ich gut genug? Welche Bedeutung habe ich in der Welt?*

Gefühle, Unsicherheit und Unwissenheit sind schwer allein zu tragen. Der junge Mensch braucht immer noch die Anerkennung und Unterstützung nahestehender Erwachsener, auch wenn er nach außen hin so tut, als ob er gut darauf verzichten könnte und sie ihm egal sind.

Gedanken für die Eltern

Erwachsene tun gut daran, in der Nähe des Jugendlichen und verfügbar zu sein sowie ihre Wertschätzung, ihr Vertrauen und ihren Ansporn laut auszusprechen. Versuchen Sie, den Jugendlichen immer wieder zu Wertediskussionen zu bewegen, denn sie sind eine gute Gelegenheit, sein Selbstwertgefühl zu stärken. Ein junger Mensch denkt über die Werte des Lebens nach und es ist gut, wenn die Werte der Erwachsenen klar sind. Ein junger Mensch sollte ermutigt werden, auf die Stimme seines Herzens und seines Gewissens zu hören. Wichtige Themen sind auch die Dinge, für die sich der Jugendliche begeistert und interessiert, denn sie können dem Leben eine faszinierende Richtung geben. Sprechen Sie sowohl über gute als auch über schlechte Gefühle, über Verlieben und Schwärmen, über Enttäuschungen und Verlassenwerden. Mit allen Gefühlen kann man zurechtkommen. Der Glaube an die Zukunft sollte gestärkt und Träume gefördert werden.

Auch über Risiken sollten Eltern und Jugendliche reden, denn viele Abhängigkeiten beginnen in der Jugend, wenn junge Menschen für einen Moment Erleichterung aus Bedrücktheit und Unsicherheit suchen. Sagen Sie dem Jugendlichen, wo junge Menschen Hilfe finden können: Telefon-Hotlines, gute Internetseiten, Jugend-Sprechstunden sind dafür geschaffen worden, um verwirrten jungen Menschen zu helfen. Sorgen Sie dafür, dass die wichtigsten Telefonnummern dieser Hilfsangebote zu Hause leicht zu finden sind, denn Jugendliche wollen nicht immer in allem ihre Eltern um Hilfe bitten. Es ist gut zu betonen, dass keiner allein zurechtzukommen braucht. Die Gesellschaft, professionelle Helfer und nahestehende Menschen sind immer für den Jugendlichen da.

VERRINGERN SIE STRESS

Lernen Sie als Eltern zuerst, Ihre Gefühle zu kontrollieren, und bringen Sie es dann Ihrem Kind bei. Kummer und Sorgen sind in der Jugend normal. Ein gestresster und bekümmerter Mensch ist oft gereizt und seine Kreativität und Lernfähigkeit geschwächt. Stress und Gram kann man verringern.

Das menschliche Gehirn ist so gebaut, dass sich, wenn am Tag hundert gute Dinge und eine schlechte Sache passieren, die Gedanken um die schlechte Sache drehen. Dadurch verschlechtert sich das Wohlbefinden, egal wie gut die Dinge im Grunde genommen stehen. Hektik kann man zumindest teilweise vermeiden, wenn man die Worte Stress und Eile aus dem Wortschatz streicht. Schon allein der Gebrauch der Worte vermehrt das Gefühl, das sie beschreiben. Wenn jemand Sie auffordert, sich zu beeilen, fragen Sie ihn, was er damit meint. Sprechen Sie nicht einmal in Ihren Gedanken von Eile. Wenn nur noch eine Viertelstunde Zeit ist, überlegen Sie, *in welcher Reihenfolge gehe ich am besten vor*, statt auszurufen: »Herrje, was für eine Hektik!«

Was können Sie selbst beeinflussen?

Unterteilen Sie die Dinge, die Sie belasten, in solche, die Sie verändern können, und solche, die Sie (zumindest im Moment) nicht beeinflussen können. Schreiben Sie kleine und große Sorgen in zwei verschiedene Listen.

Schauen Sie sich die Liste mit den Dingen an, die Sie beeinflussen können. Überlegen Sie sich hinter jedem Punkt den ersten Schritt, den Sie schon heute oder morgen tun können, um etwas zu ändern. Zum Beispiel: Ich recherchiere mehr zum Thema. Ich mache einen Anruf. Oder Sie schreiben dahinter, dass Sie im Moment nichts in der Sache schaffen, keine Kraft haben oder nicht wollen. Heben Sie die Liste auf und immer, wenn Ihnen danach ist, fangen Sie Schritt für Schritt an, Dinge zu ändern, die Sie stressen. Das beruhigt schon an sich, wenn die Dinge auf dem Papier stehen und es einen Plan gibt, sie zu ändern.

Lernen Sie auch, die Liste der Dinge, die Sie nicht beeinflussen können, gelassen zu akzeptieren. Es bringt nichts, sich darüber Sorgen zu machen. Diese Liste kann man in sorgenvollen Momenten wieder betrachten. Oder man schmeißt sie ganz weg.

....

....

....

....

....

....

SORGENMOMENT UND DANKESMOMENT

Ein einfaches Mittel, negatives Denken und ständiges Sorgenmachen zu beeinflussen, ist es, am Tag jeweils eigene Momente für Sorgen und für Dankbarkeit einzuräumen.

Konzentrieren Sie sich regelmäßig und wiederholt auf die guten Dinge in Ihrem Leben. Auf solche, für die Sie Dankbarkeit empfinden. Alle haben mit Sorgen, Krankheiten, unerledigten Aufgaben, belastenden Dingen und Verantwortung zu tun. Das kann man zum Beispiel den *Sorgenhaufen* nennen. Der Sorgenhaufen wird nie ganz verschwinden, aber manche Menschen leben ihr ganzes Leben, indem sie sich immer wieder ihre Sorgen aufzählen. Das vermehrt aber nicht die Lebenskompetenz, sondern verringert sie und macht anfällig für Depressionen. Könnten Sie die Dinge vielleicht als zum Leben dazugehörig betrachten, anstatt sie als zusätzliche Belastung zu sehen?

Alle haben auch Grund zur Freude: Gesundheit, Freunde, liebe Menschen, Erfolge, ein schönes Zuhause, vielleicht eine angenehme Arbeit und nette Kollegen, anregende Beziehungen oder ein gutes Verhältnis zur Familie. Wir neigen hin und wieder dazu, diese wichtigen Quellen der Glückseligkeit als Selbstverständlichkeiten hinzunehmen. Diese wunderbaren Dinge können Sie den *Dankeshaufen* nennen. Denken Sie oft an den Dankeshaufen, zumindest aber in *Dankesmomenten*. Betrachten Sie die beiden Haufen oder Listen in Ihrem Geist und zeichnen Sie sie auf. Welcher oder welche von beiden kommt Ihnen größer bzw. länger vor? Welchen oder welche von beiden betrachten Sie öfter? Das, worauf der Mensch sich konzentriert, wächst und wird stärker. Die Erinnerung daran erstarkt und kommt Ihnen wie von allein in den Sinn. Dinge, an die Sie oft denken, sind für Sie die wichtigsten und beeinflussen Ihre Gefühle am stärksten.

Ein guter *Sorgenmoment* könnte beispielsweise nachmittags um 17 Uhr sein, wenn Sie von der Arbeit mit dem Bus nach Hause fahren, oder nach dem Nachmittagskaffee. Der Morgen ist kein günstiger Zeitpunkt, denn wenn der Tag mit Sorgen beginnt, bekommt er einen unerfreulichen Klang. Der Sorgenmoment sollte aber auch nicht zu weit in den Abend verschoben werden, denn dann sind die geistigen Kräfte sowieso schon fast aufgebraucht, die Sorgen fühlen sich schwerer an und können den Schlaf stören.

Schreiben Sie die Sorgen auf Post-it-Zettel, in den Kalender oder als Notiz ins Smartphone. Vervollständigen Sie die Liste, wenn Ihnen eine neue Sorge in den Sinn kommt. Verschieben Sie Ihre Gedanken daran konsequent auf den nächsten Sorgenmoment. So machen Sie sich nur noch begrenzt Sorgen. In den Sorgenmomenten denken Sie und sorgen sich für etwa fünfzehn Minuten um alle Punkte auf Ihrer Liste. Dann fühlen sich die Sorgen überraschenderweise viel kleiner an, als wenn sie einem von allein in den Sinn kommen.

Ein *Dankesmoment* kann gut kurz vor dem Zubettgehen sein, denn er verhilft zu friedlichem Schlaf. Zählen Sie die Dinge auf, für die Sie an diesem Tag Dankbarkeit empfunden haben. Sie können diese Dinge auch den Tag über in eine Liste schreiben. Es können große und kleine Dinge sein. Es können viele Dinge sein oder wenige, aber wenigstens fünf. Auch ganz kleine Dinge, für die Sie dankbar sind, reichen und an manchen Tagen unterscheidet sich die Liste möglicherweise nicht und die Themen der Dankbarkeit wiederholen sich. Zum Beispiel, dass Sie die Kinder angezogen und zur Kita gebracht haben, rechtzeitig bei der Arbeit waren, gleichfarbige Strümpfe erwischt haben, dass es Ihrer Familie geschmeckt hat, Sie daran gedacht haben, Ihre Rechnungen zu bezahlen usw. Das sind alles wichtige Dinge, die Sie sehen sollten.

---

14. PROVOKATION IM ALTER VON 14–17 JAHREN

Der Jugendliche verspürt ein starkes Bedürfnis, Distanz zu seinen Eltern und ebenso zur ganzen von Erwachsenen errichteten Gesellschaft aufzubauen. Er stellt zumindest im Geiste viele Regeln und Pflichten infrage. Möglicherweise ändert er seinen Kleidungsstil, sein Aussehen und sein Verhalten, um die Eltern zu ärgern. Seine Art zu sprechen kann an Lautstärke zulegen. Gängige Methoden, mit denen Jugendliche die häuslichen Regeln testen, sind beispielsweise sich aufreizend zu kleiden, unangemessen zu sprechen oder die Ausgehzeiten zu überschreiten. *Was kann ich mir alles leisten?*, und: *Kann ich mich gegen die Erwachsenen behaupten?*

Die Bedeutung des Freundeskreises als Quelle von Werten, Informationen und Einstellungen nimmt weiter zu. Aufsässigkeit, insbesondere in der Gruppe oder wenn eine ältere Person die Jugendlichen zurechtweist, ist nichts Ungewöhnliches. Zum Beispiel in Geschäften, in der Schule und auf öffentlichen Plätzen benehmen sich Jugendliche in Gruppen mitunter absichtlich aufmüpfig. Selbst wenn Erwachsene ihm eine schöne Reise oder eine interessante Unterrichtsstunde anbieten, kann der Jugendliche nur negative Worte darüber finden. Er will sehen, wie die Erwachsenen reagieren. Möglicherweise akzeptiert er keinen Rat mehr von seinen Eltern und wehrt Umarmungen im Beisein seiner Freunde ab. Ab und zu glaubt er, dass er besser ganz ohne Erwachsene zurechtkommen würde.

Der Wunsch des Jugendlichen, eigenständig zu werden und eigene Entscheidungen zu treffen, kann zu wiederholten Streitereien zu Hause führen. Die Fürsorge und Beaufsichtigung durch die Eltern findet er nervig und überflüssig. Der Jugendliche möchte zutiefst anders sein als seine Familie. Möglicherweise fällt es ihm auch schwer, seine kleineren Geschwister zu akzeptieren. Allein Großsein ist das, was zählt. Seinem Charakter entsprechend wird der Jugendliche entweder viel oder wenig trotzen und streiten. Er glaubt, das Leben zu verstehen und die Risiken zu beherrschen, was bis zu bewusstem Risikoverhalten führen kann. Er fühlt sich am Beginn einer neuen Reise, auf der Reise in sein eigenes Leben, sucht aber noch die Richtung und den Weg, wohin er gehen soll.

Besonders intensiv sind die Gefühle und ihr Wechsel. Tiefe Liebe und abgrundtiefe Scham empfindet er vielleicht zum ersten Mal in seinem Leben. Möglicherweise ist der Jugendliche versucht, die Gefühle vor den Erwachsenen zu verheimlichen. Je mehr ein junger Mensch über die starken Gefühlsschwankungen in der Pubertät weiß und Mittel kennt, mit ihnen klarzukommen, umso besser. Dies erfüllt ihn mit dem Glauben, dass man Enttäuschungen überstehen kann. Dann braucht er sich nicht in Drogen oder risikohaftes Verhalten zu flüchten oder Trost darin zu suchen.

Gedanken für die Eltern

Je trotziger sich ein Jugendlicher verhält, umso ruhiger sollten Eltern bleiben. Trainieren Sie, nicht verletzt zu sein. Seien Sie entschieden, aber gelassen. Zeigen Sie, dass Ihr Selbstwertgefühl nicht schwächelt und Ihre Werte nicht bröckeln, auch wenn der Jugendliche sie anzweifelt. Ertragen Sie die für diese Phase typischen Trotzreaktionen und Abweisungen, ohne dass Sie mit gleichem Maß zurückzahlen und den Jugendlichen sich selbst überlassen oder ihm den Rücken zukehren. Es geht darum, die eigene Autorität und Stellung zu bewahren und sich von Provokationen und Tadel nicht entmutigen zu lassen. Erinnern Sie sich daran, dass diese Phase nur einige Monate oder Jahre andauert, der Jugendliche nichts für sie kann und es irgendwann von selbst vorübergehen wird. In dieser Zeit sollte man sich darum bemühen, einen respektvollen und höflichen Umgangston in der Familie zu bewahren.

Eine Provokation kann mitunter durch eine entschiedene, knackige Antwort gestoppt werden. Damit signalisiert der Erwachsene, dass man mit ihm nicht hässlich reden darf und er sich um den Jugendlichen sorgt und auf ihn achtet. Halten Sie die Ordnung aufrecht und erinnern Sie ihn an die Verhaltensregeln. Das angeschlagene Selbstbewusstsein des Jugendlichen niederzuzwingen ist keine gute Wahl. Trotz ist keineswegs ein Ausdruck von Selbstbewusstsein, ganz im Gegenteil. Vermeiden Sie Machtkämpfe und Wettstreite zwischen Ihnen, wer denn nun recht hatte. Ein Erwachsener hat seine Sicht der Dinge und ein Jugendlicher eine andere. Über verschiedene Ansichten kann man diskutieren und sie begründen. Es gibt nicht nur eine Wahrheit, aber weil der Erwachsene für den Jugendlichen verantwortlich ist, trifft in wichtigen Dingen er die Entscheidung. Lesen Sie auf den Seiten 45–46 nach, wie Streitthemen nach Wichtigkeit in die Körbe A, B oder C geordnet werden können, und auf den Seiten 69–70 über das MAFÜWILO-Modell, wie Sie Grenzen vermitteln. Wenn Sie trotzdem wütend werden, dann lesen Sie ab Seite 46 noch einmal den Abschnitt *Und wenn Sie sich trotzdem aufregen*.

Ein junger Mensch liebt und braucht seine Eltern nach wie vor, obwohl er es nicht zeigen kann. Ein Jugendlicher, um den man sich sorgt, auch wenn er alles ablehnt, fühlt sich angenommen und geliebt. Dieses Wissen schützt junge Menschen auch dann, wenn die Eltern nicht vor Ort sein können. Eltern, die ihr jugendliches Kind mitfühlend kontrollieren, können es davor schützen, in Risiken zu stolpern, und ihm beibringen, sich zu behaupten und Streitsituationen zu lösen. Macht ein Jugendlicher einen Fehler, ist es wichtig, ihm zu zeigen, dass die Eltern ihm beistehen und helfen werden, mit dem Fehler fertigzuwerden.

Wann immer möglich, sollten Sie die Freunde Ihres jugendlichen Kindes zu sich nach Hause einladen, gemeinsam Abendbrot machen oder Ähnliches. Es ist gut zu wissen, in welcher Gesellschaft Ihr Kind verkehrt, und seine Freunde mit einem festen Handschlag und Blick in die Augen zu begrüßen. Das vermittelt den Jugendlichen Achtung und Sicherheit. Außerdem ist es wichtig, ihre Namen und Telefonnummern zu kennen, falls Ihr Kind einmal wütend das Haus verlässt, ohne zu sagen, wo es hingeht. Meistens wissen die Freunde in so einem Fall Bescheid und geben den Eltern bereitwillig Auskunft. Betonen Sie, wie wichtig es ist, auf Nachrichten zu antworten. Sie können ruhig sagen, dass Ihnen die Sicherheit des jungen Menschen so wichtig ist, dass Sie die Polizei alarmieren, wenn Sie nicht wissen, wo Ihr Kind sich aufhält.

Es ist nicht ratsam, zu sehr auf Kumpel zu machen und beispielsweise den Jugendlichen Alkohol zu kaufen. Das wäre ein schädliches Signal, dass man Regeln und Gesetze nicht unbedingt einzuhalten braucht. Ein Jugendlicher in der Pubertät will gegen die Regeln der Eltern verstoßen und wenn die Eltern den Alkohol erlauben, kann der Jugendliche noch schädlichere Dinge ausprobieren wollen, um gegen die Eltern zu rebellieren. Eltern sollten der klügere Verantwortungsträger sein, wenn Jugendliche auf der Suche nach sich selbst sind und Regeln testen. Ermutigen Sie den Jugendlichen, glauben Sie an seine Entwicklung, stärken Sie sein Zutrauen, seine Energie und seinen Mut, aber halten Sie an alten Regeln fest.

KONSTRUKTIV STREITEN

Im Jugendalter sind Gewalt und die Androhung von Gewalt oft alltäglich. Vor allem junge Leute brauchen Methoden, um die Eskalation eines Streits bis zur Gewalt zu verhindern.

Das Wichtigste ist, immer daran zu denken, dass man nur das eigene Streitverhalten, die eigenen Gefühle und sein Verhalten kontrollieren kann. Die anderen tun, was sie tun. Dennoch ist es sinnvoll, sich auf seinen Anteil zu konzentrieren, den anderen nicht unter Druck zu setzen oder anzustacheln. Auch im Streit gilt das Gebot der Gewaltfreiheit. Nicht gestattet sind Beschimpfen, Drohen, Angsteinjagen oder Schmerzenzufügen.

Außerdem ist es gut, immer daran zu denken, dass man den Beginn eines Streits oft ignorieren und übergehen oder sich aus der Situation zurückziehen kann.

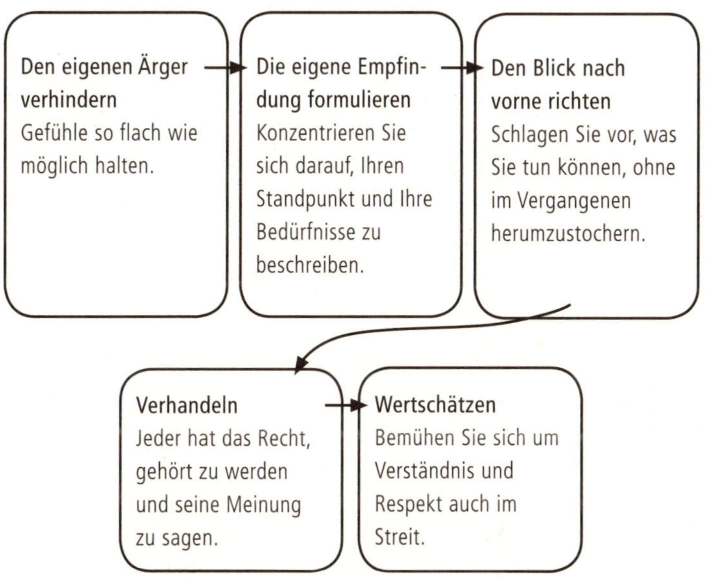

1. Den eigenen Ärger verhindern

- Halten Sie Ihre Gefühle so flach wie möglich. So können Sie die Situation mit Vernunft kontrollieren.
- Siehe Ampelmodell auf den Seiten 32–33
- Beruhigende Fantasiebilder, um den Körper zu entspannen

- Konstruktive und beruhigende statt aufstachelnde Gedanken
- Verlangsamen Sie die Atmung und konzentrieren Sie sich auf Ihre anderen Sinne.
- Treten Sie einen Schritt zurück.
- Erbitten Sie, nehmen Sie sich und geben Sie eine Auszeit.

2. Die eigene Empfindung formulieren

- Konzentrieren Sie sich darauf, Ihren Standpunkt und Ihre Bedürfnisse zu beschreiben.
- Feste Haltung, Mimik und Stimme.
- Vierphasiges MAFÜWILO-Modell, um die eigene Verärgerung zum Ausdruck zu bringen (auf den Seiten 69–70)
- Ich-Botschaften statt Du-Botschaften. Du-Botschaften werden als Anschuldigungen verstanden: »Du hast etwas falsch gemacht! Du hast mir wehgetan! Du bist unfair!« Du-Botschaften verstärken im anderen den Ärger und den Kampfwunsch. Sprechen Sie in Ich-Botschaften: »Das tut mir weh. Ich finde das unfair.«
- Schildern Sie Ihr Gefühl. Wenn man eine gegen sich gerichtete Ungerechtigkeit als eigenes Gefühl formuliert, kann keiner dagegen argumentieren. Denn niemandes Gefühl ist falsch. Wenn Sie ein bestimmtes Gefühl haben, dann können nur Sie das wissen. Sagen Sie zum Beispiel: »Das hat sich nicht gut angefühlt. Das fühlt sich nicht fair an!«

3. Den Blick nach vorne richten

- Schlagen Sie vor, was Sie tun könnten, ohne im Vergangenen herumzustochern.
- Streiten Sie sich nur um eine Sache auf einmal. Kehren Sie beharrlich immer wieder zu diesem Thema zurück.
- Streiten Sie mit Blick auf die Zukunft. Suchen Sie nach Lösungen, damit Sie den Streit hinter sich lassen können.

- Schlagen Sie vor oder fragen Sie, wie Sie gemeinsam die Situation lösen können. Begründen Sie, warum sich das lohnt.

4. Verhandeln

- Jeder hat das Recht, gehört zu werden und seine Meinung zu sagen.
- Die Fähigkeit, still und respektvoll zuzuhören und den anderen zu Wort kommen zu lassen. Keiner darf unterbrochen werden.
- Akzeptieren Sie das Gefühl, das Ihr Gegenüber schildert. Versuchen Sie, seine abweichende Sicht der Dinge zu verstehen.
- Sie können Dinge, die Sie gehört und verstanden haben, laut wiederholen, zum Beispiel: »Du bist also der Meinung, dass …« Den Standpunkt des anderen zu wiederholen vermittelt diesem das Gefühl, dass er wirklich gehört wurde. Trotzdem können Sie anderer Meinung sein.
- Es ist nicht notwendig, sich auf eine eindeutige endgültige Lösung zu einigen. Verhandeln und die Bereitschaft, sich darauf einzulassen, sind notwendig.

5. Wertschätzen

- Bemühen Sie sich um Verständnis und Respekt auch im Streit.
- Schuldige brauchen nicht benannt zu werden.
- Streiten Sie sich um eine Sache, nicht um Eigenschaften. Urteilen Sie nicht über andere.
- Im Streit gilt das Gewaltverbot. Verbotene und schädliche Handlungen dürfen genannt werden, wenn es sich dabei um Dinge handelt, die man nicht unbeachtet lassen darf: »Schlagen ist nicht erlaubt. Kaputtmachen ist verboten. Beißen darf man nicht. Beschimpfen ist nicht okay!«
- Auch wenn Sie die Empfindungen Ihres Gegenübers nicht verstehen, können Sie sie trotzdem respektieren.

6. Rechtzeitig aufhören

- Danken Sie. Bitten Sie um Entschuldigung. Ertragen Sie Enttäuschung.
- Geben Sie die eigenen Fehler offen und laut zu.
- Denken Sie an Ihr Selbstmitgefühl (Seiten 177–178), falls Sie scheitern sollten.
- Betrachten Sie das ZUDABESO-Modell auf den folgenden Seiten, um einen sehr wütenden Menschen zu beruhigen.

ZUDABESO-MODELL
BERUHIGUNG EINES WÜTENDEN MENSCHEN

Wenn Sie es mit einem Menschen zu tun haben, der vor Wut tobt, ist es klug, sich darauf zu konzentrieren, die Situation zu beruhigen. Wie kann das gelingen, wenn im Zustand der Gefühlskaperung des Gehirns vernünftige Worte nicht helfen?
Versuchen Sie die Methode des Validierens, indem Sie die Worte des Wütenden wiederholen, wie auf Seite 192 beschrieben. Ist es ein größerer Wutanfall, kann nachfolgendes Vier-Punkte-Modell hilfreich sein:
1) **Zu**hören, 2) **Da**nken, 3) **Be**dauern, 4) **So**ndieren.
Ziel ist es, möglichst schnell, konstruktiv und ohne Schaden die Situation zu überwinden.

Zuhören

Verhalten Sie sich dem Wütenden gegenüber freundlich, aber vermeiden Sie zu lächeln, denn Ihr Lächeln könnte missverstanden werden. Lassen Sie ihm viel Zeit, seine Lage zu schildern, auch wenn dies brüllend geschieht. Zeigen Sie durch eine ernste Miene, dass Sie ihm zuhören wollen und werden. Schauen Sie ihm in die Augen, ohne den Blick abzuwenden. Argumentieren Sie nicht dagegen und unterbrechen Sie ihn nicht, auch wenn Sie anderer Meinung sind: Nicken Sie. Die Anschuldigungen fühlen sich vielleicht sehr ungerecht an. Trotzdem behalten Sie Ihr Ziel im Kopf: Streit vermeiden. Kontrollieren Sie Ihre Gefühle, damit Sie nicht gereizt werden. Wenn der Wütende alles gesagt hat, wird er von allein nach und nach ruhiger.

Danken

Danken Sie dem Wütenden dafür, dass er die Sache angesprochen hat: »Es ist gut, dass Sie das erzählen/du das erzählst. Das ist eine wichtige Angelegenheit.« Hat Ihr Gegenüber recht, sagen Sie auch das. Danken Sie für alles, wofür Sie können. Das verringert seine Wut und seine

Scham darüber, dass er explodiert ist. Vielleicht gelingt es auch, einen positiven Aspekt an dem Gefühlsausdruck zu entdecken.

Bedauern

Bedauern Sie das Vorgefallene und die Situation, in der Sie sich jetzt befinden. Bedauern Sie, dass Ihr Gegenüber so viel Leid erfahren hat. Wenn ein Teil der Schuld bei Ihnen liegt, entschuldigen Sie sich für Ihren Fehler oder das, was Sie getan haben. Die Bitte um Verzeihung nähert Sie Ihrem Gegenüber an und bringt Sie auf seine Seite. Dadurch beruhigt sich Ihr Gegenüber weiter, denn jetzt hat er nicht mehr das Gefühl, allein zu stehen. Er wird gehört und geachtet.

Sondieren

Auch wenn sich die Wut scheinbar gelegt hat, kann sie leicht wieder aufflammen. Ihr Ziel war nur, die Situation zu beruhigen. Vergessen Sie also alle Rechtfertigungen und verschieben Sie die Klärung der Angelegenheit auf einen späteren Zeitpunkt. Sondieren Sie stattdessen, ob sich zumindest eine Sache finden lässt, auf die Sie sich einigen können. Sonst hat der Verärgerte das Gefühl, dass gar nichts vorangekommen ist – und wird wieder wütend. Vereinbaren Sie wenigstens eine Kleinigkeit, zum Beispiel, was Sie als Nächstes tun oder wann Sie die Angelegenheit klären wollen. Die gesamte Angelegenheit mit einem Menschen zu klären, der gerade wütend ist, ist sehr schwer und daher nicht ratsam – und sollte lieber auf einen späteren Zeitpunkt verschoben werden.
Wird der verärgerte Mensch derart ernst genommen und ein späterer Zeitpunkt für eine Fortsetzung des Gesprächs festgelegt, hat er keinen Grund, erneut so viel Wut in sich anzusammeln, um seine Sache voranzubringen. Er fühlt, dass er schon angehört und zumindest teilweise auch verstanden wurde.

Damit Sie einen anderen Menschen beruhigen können, ist es notwendig, sich selbst kontrollieren zu können. Bleiben Sie ruhig, das überträgt sich auch auf Ihr Gegenüber. Wenn Sie sich ebenfalls ärgern, bringen Sie die Angelegenheit keinen Schritt voran. Ein besonnenes Auftreten signalisiert, dass keine Not und keine Bedrohung bestehen.

---

15. STARK IN DER GRUPPE IM ALTER VON 14–18 JAHREN

Der Freundeskreis wird jetzt zur Tür in die Selbstständigkeit und noch wichtiger als bisher. Jugendliche in diesem Alter machen gern mit Gleichaltrigen eine Reise oder fahren gemeinsam in ein Freizeitcamp. Sie empfinden jetzt eine immer stärkere Zugehörigkeit zu gleichaltrigen Gruppen als zur eigenen Familie. Freunde und Gemeinschaftlichkeit stärken die Identität und das Selbstständigwerden des Jugendlichen.

Der Jugendliche empfindet, dass er bereits über die notwendigen Informationen und Fähigkeiten verfügt, um allein klarzukommen. Er vertraut darauf, dass seine Freunde ihm helfen, wenn es Schwierigkeiten gibt. Unbesorgtheit, Spaß und die Gemeinschaft sind in diesem Alter wichtig. Der Körper verändert sich immer noch stark, was Kraft kostet. Wenn Jugendliche zusammen Zeit verbringen, können sie entweder nur rumhängen oder in der Gruppe gemeinsam ihre Fähigkeiten auf einem Gebiet verbessern. Normen und Werte der Gesellschaft werden infrage gestellt und Risiken bewusst eingegangen. Jugendliche denken bisweilen, wenn alle das Verbotene tun und es keiner verrät, dann werden sie auch nicht erwischt. Die Zusammengehörigkeit der Jugendlichen ist stärker als Gesellschaft und Aufsicht der Erwachsenen. Eine positive Einstellung zu Drogen, risikohaftes Verhalten und Aufwiegelei können zum Nachahmen verleiten. Andererseits kann ein sicherer Freundeskreis auch schützen und im besten Fall Dummheiten verhindern.

Jugendliche identifizieren sich mitunter auch mit der Rolle eines verantwortungsbewussten und leistungsorientierten Schülers. Ein zu hohes Anforderungsniveau und Erschöpfung sind mögliche Risiken. Depression und Minderwertigkeitskomplexe sind ein hoher Preis für übermäßige Anstrengungen und

Leistungen. Viele Jugendliche haben aber eher weniger Zeit und Energie für die Schule, da das Zusammensein mit Freunden einen großen Teil ihrer Zeit in Anspruch nimmt. In der Gesellschaft anderer Jugendlicher fühlt sich der/die 14–18-Jährige schon fast selbstständig.

Gedanken für die Eltern

Sprechen Sie mit dem Jugendlichen über einen sicheren und respektvollen Freundeskreis, damit er weiß, woran man einen solchen erkennt. Menschen sind verschieden und mit einer Gruppe, die Probleme verursacht, sollte man seine Zeit nicht verbringen. Der Jugendliche braucht auch Informationen, wie er sich verhalten soll, wenn er unter Druck gesetzt wird. Wenn ihm beispielsweise jemand Drogen anbietet, kann er sagen, dass die Eltern den Gebrauch von Drogen untersagen. Das ist vielleicht peinlich, aber eine effektivere Begründung als zu sagen, dass er/sie nicht will. Freizeitaktivitäten und Sportgruppen, in denen sich der Jugendliche weiterentwickeln kann, sollten unterstützt werden. Geben Sie ihm/ihr die Möglichkeit, seine/ihre Freunde auch zu Hause zu treffen. So erhalten Sie gleichzeitig Gelegenheit, den Freundeskreis Ihres Kindes kennenzulernen.

Sicherheitstipps und Gesundheitsaufklärung sind ebenfalls wichtig, um gegen die Verlockungen allzu kühner Erfahrungen gewappnet zu sein. Auch sollten Sie mit Ihrem jugendlichen Kind die unmittelbaren und langfristigen Folgen besprechen, die es mit sich bringt, wenn man die Regeln einer Gesellschaft bricht. In dieser Phase erreichen die Jugendlichen das strafmündige Alter und müssen fortan selbst die Verantwortung für ihre Taten tragen.

Eltern sollten nach Möglichkeit die Gedanken, Ängste und Träume ihres Kindes mit ihm teilen. Ausgedehnte, gemeinsame Mahlzeiten und Spaziergänge, gemeinsame Hobbys und Shoppingtouren geben Gelegenheit, zuzuhören und dem Jugendlichen den Rücken zu stärken. Eine wichtige Lehre ist, dass jeder genügt, so wie er ist, und dass jeder seinen Platz im Leben finden kann. Fördern Sie die Träume des Jugendlichen und sein Vertrauen in die unbekannte Zukunft – das wird ihm in schwierigen Momenten helfen.

16. RESPEKTIERE MICH IM ALTER VON 16–19 JAHREN

Die emotionalen Zentren im Gehirn haben die Phase der rasanten Entwicklung hinter sich gelassen. Jetzt befinden sich die Hirnareale für die Wahrnehmung komplexer Gesamtheiten, die Abwägung und die Reizverarbeitung in einer starken Wachstumsphase. Der junge Mensch plant seine Zukunft und übernimmt immer mehr Verantwortung für sich. Er empfindet sich seinen Eltern immer mehr ebenbürtig, er versucht nicht, zu bestimmen, nimmt aber auch nicht gern Befehle entgegen. Er möchte als Erwachsener behandelt werden, und die Eltern sollten in ihrer Sprechweise und im Tonfall dem heranwachsenden Kind angemessenen Respekt zollen. Der Jugendliche ist äußerst genau, wenn es um sein Leben und seine Entscheidungen geht, und lässt seine Eltern nicht sehr nah an sich heran. Er möchte die Richtung seines Lebens selbst bestimmen.

Momente der Nähe und Wärme gibt es dann, wenn der Jugendliche selbst sie will. In Momenten der Not wird er sich an die Menschen wenden, von denen er gewohnt ist, Hilfe zu bekommen.

Ein junger Erwachsener ist schon in der Lage, sich an gemeinsame Entscheidungen gebunden zu fühlen und ihnen entsprechend zu handeln. Er braucht den Glauben ihm nahestehender Menschen an ihn, an seine Fähigkeiten und daran, dass er eigene Entscheidungen treffen kann. Und wenn er hin und wieder eine falsche Entscheidung trifft, dann kommt er mit der Enttäuschung klar und weiß, wo er Hilfe bekommt.

Auseinandersetzungen um die Regeln zu Hause muss man so lange führen, wie der junge Mensch zu Hause wohnt. Die Aufgabe der ihn umgebenden Erwachsenen ist es, bei Bedarf verfügbar zu sein, ihn aber ansonsten weitestgehend eigenständig agieren zu lassen. Hören Sie Ihrem erwachsen gewordenen Kind zu, bestärken Sie es in seinen Entscheidungen und glauben Sie daran, dass er/sie schon klarkommt.

Für Eltern ist es entweder schmerzvoll oder erleichternd, wenn das Kind zu Hause auszieht. Mit diesen Gefühlen sollten Sie allerdings den jungen Menschen nicht belasten, sondern sich an den Gedanken gewöhnen, dass Ihr Kind bald fortgeht. Selbst wenn er/sie sich schon sehr reif verhält, kann ihm dennoch bange vor dem Auszug sein.

Jetzt ist ein guter Zeitpunkt zu üben, dem erwachsenen jungen Menschen als einer fast völlig selbstständigen, wunderbaren Persönlichkeit zu begegnen.

DIE KULTUR DES RESPEKTS IST GEWALTFREI

Respektvollen Umgang in Beziehungen lernen wir zu Hause durch Vorbilder. Begegnen wir dem Kind und Jugendlichen respektvoll, dann lernen die Kinder auch selbst zu respektieren. Die häuslichen Umgebungen sind jedoch sehr verschieden. Auch das Beispiel von Freunden und die Medien hinterlassen einen Eindruck. Ebenso wie der Kindergarten und die Schule. Errichten Sie um sich eine Kultur des Respekts, in der keiner verletzt wird. Sein Kind respektieren heißt, es niemals zu beschimpfen, natürlich auch nicht zu schlagen oder damit zu drohen, egal wie sehr das Kind Sie ärgert. So lernen Kinder und Jugendliche Gewaltfreiheit zu leben.

Ein respektvoller Umgang mit sich, dem Kind und dem Jugendlichen ist die effektivste Art sicherzustellen, dass das Kind zurechtkommt, und Gewalt vorzubeugen. In einer Kultur des Respekts wird ein gutes, freundliches Verhalten geachtet und gepflegt. Ein Mensch, der schon als kleines Kind gute Umgangsformen gelernt hat, bekommt als Erwachsener wahrscheinlich eine bessere Arbeit und bleibt gesund. Außerdem findet er leichter einen respektvollen Partner, weil er sich selbst respektvoll verhält.

SO BRINGEN SIE RESPEKT BEI

Nehmen Sie das Kind wahr und kommentieren Sie seine Erfolge möglichst oft. Betrachten Sie die Schwachstellen im Verhalten und in der Gefühlskontrolle des Kindes als Erziehungsherausforderung. Helfen Sie ihm, indem Sie ihm zur Seite stehen und es dabei unterstützen, Schwierigkeiten zu überwinden. Erziehungsherausforderungen sind Fähigkeiten, die das Kind noch nicht beherrscht. Sie sollten nicht kritisiert, sondern liebevoll, respektvoll und bestätigend beigebracht werden. Unterstützen Sie Ihr Kind in seinen Herausforderungen und lassen Sie es selbst sagen, was ihm am besten hilft.

Sprechen Sie über das, was das Kind oder der Jugendliche tut, auch dann, wenn alles normal und gut läuft. Erwähnen Sie seinen Namen in positiven Sätzen öfter als in restriktiven. Beachten Sie Ihr Kind auch dann regelmäßig, wenn es überhaupt nicht schwierig ist. Lassen Sie die Fehler unerwähnt, oder noch besser, kehren Sie sie um in Lernziele, die es erreichen kann. Sehen Sie sein Unvermögen und seine Fehltritte als reizvolle Herausforderung, als Mini-Ziel, das Sie gemeinsam erreichen können. Ihre Begeisterung und Ihr Vertrauen werden auf ihn/sie überspringen. So wecken Sie in Ihrem Kind den Wunsch, Verbesserungen zu erreichen und auch zukünftig Dank zu ernten. Er/Sie wird es wieder versuchen wollen.

Kinder und Jugendliche hören von ihren Eltern auch verletzende Worte: »Das war von dir auch nicht anders zu erwarten! Dummkopf!« Auch positive Dinge werden mitunter negativ formuliert: »Vielleicht schaffst du wenigstens das. Dein gekochtes Essen sieht ja fast essbar aus.« Kinder und Jugendliche hören auch von Gleichaltrigen, dass sie dumm, hässlich, fett oder spindeldürr seien. So eine Art zu reden überträgt sich auf andere Kinder und Jugendliche. Sie erlernen es durch Vorbilder und halten es bald für normal. Vielleicht stellt sich das Kind vor, alle würden sich so verhalten.

Ein respektvoller Umgang hebt die positiven Vorzüge des anderen Menschen hervor und betont Erfolge. Respektvolle Eltern sagen: »Heute Morgen hat das Anziehen prima geklappt. Du hast dich fein gekämmt, Janne. Du hast dich ruhig verhalten, obwohl es schwer war. Dir sind kluge Worte eingefallen. Erzähl auch du, was du darüber denkst. Ich höre dir gern zu, Janne. Danke, dass du es versuchst.«

Versuchen Sie, ob es Ihnen gelingt, positive Formulierungen zu wählen, anstatt zu kritisieren. Wenn das Kind zum Beispiel sein Geschwisterkind kratzt und erwartet, dass man es beschimpft, sind Sie dann in der Lage, es am Weiterkratzen zu hindern und gleichzeitig mit ruhiger und entspannter Stimme zu sagen: »Ich weiß, dass du sehr lieb sein kannst und niemanden kratzt.« Diese Worte beruhigen. Stoppen Sie die Situation, nehmen Sie eine Auszeit. Das hilft dem Kind.

Wenn sich das Kind dann erstaunt wegdreht oder sich auf andere Weise so verhält, wie Sie es wünschen, dann sagen Sie zu ihm/ihr: »Danke, Kati, dass du deinen Bruder in Ruhe lässt.« Wenn sich das Kind trotzdem noch einmal umdreht und nach ihm tritt, sagen Sie: »Ich weiß, dass du auch wunderbar sein kannst und niemanden trittst. Irgendetwas ärgert dich jetzt aber sehr. Möchtest du zu mir kommen und es mir erzählen?«

Durch Worte wie diese lernt das Kind, innezuhalten und nachzudenken, anstatt unvermittelt zu agieren. »Ich weiß, dass du lieb und friedlich sein kannst, ohne andere zu verletzen. Auch jetzt siehst du mich an, hörst mir zu und denkst über die Situation nach. Ich finde es gut, Kati, dass du über deine Gefühle und deine Taten nachdenkst.«

Erklärungen und Konsequenzen gibt es dann, wenn alle sich beruhigt haben. Das Ziel der Erziehung ist, dem Kind Mittel und Methoden anzubieten und nicht, es zu einem stets gehorsamen, gefügigen Wesen zu machen. Denn dann gehorchen Kinder allen. Sagen Sie dem Kind: »Lass uns zusammen nach einer Lösung suchen. Ich möchte, dass du selber nachdenkst, nicht nur gehorchst.« Auch das weckt im Kind das Selberdenken und die Neugier. Lassen Sie das Kind selbst vorschlagen, was eine geeignete Konsequenz für Kratzen oder Schubsen wäre. Man sollte um Entschuldigung bitten können und dem Geschwisterkind, dem man wehgetan hat, etwas Gutes tun.

RESPEKTVOLL GRENZEN ZIEHEN

Seien Sie auch beim Grenzenziehen Vorbild im respektvollen Umgang. Denken Sie daran, nicht Ihrerseits wütend zu werden und auf Bestrafungen zu pochen. Schädliche Taten sollten nicht dadurch verhindert werden, dass Sie selbst schädlich handeln.

Lernt das Kind, dass der Erwachsene in allen Situationen besonnen agiert und ohne das Kind zu verletzen, beruhigt es sich. Außerdem lernt es, wie man den anderen auch im Streit achten kann. Kinder und Jugendliche brauchen dann den Erwachsenen nicht mehr zu fürchten und das ist etwas Gutes.

Überlegen Sie, was für ein Modell des Erwachsenseins und des Selbstwertgefühls Sie vorgeben. Achten und respektieren Sie sich. Seien Sie ein Vorbild an Selbstachtung. Wenn Sie einen Fehler begehen, hören Sie auf, sich Vorwürfe zu machen, egal was Ihre Gedanken und Gefühle Ihnen sagen. Wenn Sie sich achten, dann gehen Sie auch sorgsam mit sich um. Das Kind wird sich als Erwachsener vermutlich genauso behandeln, wie Sie jetzt mit sich umgehen. Begegnen Sie Ihrem Kind, sich selbst und Ihrem Partner mit Achtung. Alles, was Sie für Ihre eigene Lebenskompetenz und eine fröhliche, respektvolle häusliche Atmosphäre tun, ist eine Investition in die Zukunft des Kindes, das Sie großziehen.

Waren Ihre Eltern respektvoll?

Haben Sie als Kind Respekt oder Geringschätzung durch Ihre Eltern erfahren? Können Sie sich aus dieser Zeit an achtungsvolles oder verletzendes Verhalten erinnern? Welche Art von Erziehung möchten Sie an Ihren Nachwuchs weitergeben? Es lohnt sich, innezuhalten und diesen Fragen nachzugehen.

Geben Sie Ihren Eltern Punkte von 0–10 dafür, wie oft sie in Situationen verständnisvoll und konstruktiv reagiert haben, in denen Sie etwas Verbotenes oder Schlimmes getan haben: _________

Wie viele Punkte von 0–10 würden Sie ihnen dafür geben, wie oft sie durch ihr Verhalten Ihr Selbstwertgefühl verletzt haben: _________

Überlegen Sie auch, ob Ihre Eltern alle Ihre Geschwister gleich behandelt haben.

....

....

....

....

....

....

....

....

Wenn Sie eine ermutigende Erziehung genossen haben, können Sie sich gratulieren. Wenn Sie eine Erziehung erhalten haben, die Ihr Selbstwertgefühl bröckeln ließ, können Sie sich gratulieren, dass Sie jetzt mehr wissen. Erziehungsstile verändern und entwickeln sich schnell.

Schreiben Sie eine weitere, ganz bestimmte Sache auf, mit der Sie noch heute anfangen wollen, eine respektvolle Erziehung zu trainieren:

....

....

....

....

....

....

....

....

....

....

....

....

....

17. IM ALTER VON 18–25 JAHREN FLIEGE ICH AUS DEM HAUS

Das Zuhause der Kindheit und das gemeinsame Wohnen mit den Eltern werden immer schwieriger. Der junge Erwachsene wird jetzt ernsthafte Pläne schmieden, um zu Hause auszuziehen, sobald sich die Gelegenheit bietet. Ihm erscheint es jetzt möglich, die Verantwortung für sein Leben zu übernehmen. Selbst bescheidene Verhältnisse außerhalb des Elternhauses erscheinen verlockend. Die Sehnsucht, den entscheidenden Schritt durch die Tür des Elternhauses in die Welt nach draußen zu tun, wächst.

Der junge Erwachsene hat zum Ziel, einen Beruf, ein eigenes Zuhause und ein ausreichendes Einkommen zu erlangen. Wenn er selbstständig wird, weiß er, dass er auch auf eigenen Beinen stehen kann – aber er weiß auch, dass er von den Eltern noch Unterstützung bekommen kann.

Gedanken für die Eltern

Bestrebungen des jungen Erwachsenen, selbstständig zu werden und seinen eigenen Fähigkeiten zu vertrauen, sollten unterstützt werden. Behandeln Sie den Jugendlichen wie einen Erwachsenen. Geben Sie ihm Rat und Unterstützung nur, wenn er es will, und drängen Sie ihm nichts auf. Konzentrieren Sie sich darauf, ihn zu ermutigen, und zeigen Sie ihm Ihr Vertrauen in seine Fähigkeit, kluge Entscheidungen für sein Leben zu treffen.

Der junge Erwachsene braucht noch Hilfe und Rat, wenn er sich mit den Unterstützungssystemen der Gesellschaft bekannt macht und die Verantwortlichkeiten des Alltags managen muss. Es ist wichtig und schön, dass er sich in kniffligen Situationen an Sie wenden kann.

Als Eltern tut man gut daran, seine Gefühle von Einsamkeit und Unsicherheit und die Angst vor dem leeren Heim mit einem anderen Erwachsenen zu teilen und damit nicht den jungen Menschen zu belasten. Man darf einen jungen Menschen nicht unter dem Deckmantel einer geschuldeten Dankbarkeit an das elterliche Zuhause binden.

Entwickeln Sie stattdessen gemeinsam mit Ihrem erwachsenen Kind nette Ideen für gemeinsame Treffen. Sie können Ihr Kind beispielsweise regelmäßig zum Abendessen, in die Sauna, zu einem Spieleabend oder einer anderen gemeinsamen Aktivität einladen. Oft ist der Abschied von Zuhause ein phasenweiser: Erst geht es in den Wehr- oder Freiwilligendienst, dann zum Studium und zwischendurch wieder nach Hause. Es ist gut, loslassen zu können und den jungen Menschen beim Abnabeln zu unterstützen, aber gleichzeitig den Kontakt zu ihm aufrechtzuerhalten, um zu wissen, wie es ihm geht. Eltern müssen nach wie vor verfügbar sein, wenn der junge Mensch Hilfe oder Unterstützung braucht. Andererseits können die Rollen auch wechseln und das erwachsene Kind hilft seinen Eltern in vielen Dingen, von denen die jungen Leute mehr verstehen.

18. ALS ERWACHSENER AUF EIGENEN FÜSSEN

Das Leben des jungen Erwachsenen ist jetzt organisiert. Er/Sie hat Kraft und Fähigkeiten, einen funktionierenden Alltag aufzubauen. Er hat ein realistisches Bild von sich und seinen Fähigkeiten. Er ist in der Lage, bereichernde menschliche Beziehungen einzugehen. Sollte es notwendig sein, kann er sich behaupten und empfindet sich als gleichwertig.

Ihre Aufgabe als Eltern ist vollbracht und Sie können sich gratulieren. Sie haben einen großartigen Freund bekommen und Ihre Verantwortung getragen. Allerdings dauert die Weiterentwicklung der Gefühlskontrolle das ganze Leben an. Ihre Aufgabe als Lehrmeister der *Stufen der Aggression* beginnt möglicherweise mit der nächsten Generation von vorn. Dann steht Ihnen eine neue Rolle bevor, denn die Eltern Ihrer Enkel entscheiden über den Erziehungsstil der neuen Zeit entsprechend und dem müssen sich die Großeltern beugen. Die Forschung darüber, welche Erziehung die Gesundheit und das Wohlergehen am besten fördert, entwickelt sich ständig weiter.

Erinnern Sie sich an Ihr eigenes Leben und wählen Sie von jeder Stufe von 0–18 ein Ereignis, bei dem Sie Probleme mit Ihren Gefühlen hatten. Schreiben Sie es auf und notieren Sie dahinter, wie Sie damit klargekommen sind oder zumindest versucht haben, damit klarzukommen. Manchmal kann auch der beste Versuch in die Binsen gehen und an Misserfolge kann man sich meist am besten erinnern. Aber es gab sicher auch Erfolge. Haben Sie Hilfe von den Erwachsenen bekommen? Denken Sie vor allem an die Fälle, wo etwas gut gelaufen ist!

Weitere emotionale Fähigkeiten

DIE GEFÜHLE ALS FREUNDE

Eltern tun gut daran, die Gefühle ihres Kindes zu akzeptieren und ihr Kind zu ermutigen, dies auch zu tun. Verhalten Sie sich bei Streit und Trotz so, dass Ihr Kind etwas lernen und üben kann. Gefühle sind unvermeidlich und entsprechen den jeweiligen Entwicklungsstufen. Ein Kind hat das Bedürfnis, die Fähigkeit, sich zu behaupten und seine Gefühle zu kontrollieren, mit den Eltern, mit Geschwistern und mit Gleichaltrigen zu üben. Deswegen kommt es immer wieder zu Streitigkeiten und so darf es auch sein.

Die erste emotionale Fähigkeit ist die, Gefühle zu erkennen, zu benennen und sie kennenzulernen, ohne sich vor ihnen zu fürchten oder sie zu leugnen. Kinder dürfen nicht dafür bestraft werden, dass sie große Gefühle haben und stark auf Gefühle reagieren. Kindheit und Jugend sollten gefühlsintensive Phasen im Leben sein. Auf jeder *Stufe der Aggression* werden wichtige Fähigkeiten für das Erwachsenensein erlernt.

Nach und nach lernen Kinder, ihre Gefühle und Meinungen in Worte zu kleiden und auch über schwierige Themen zu reden. In dieser Fähigkeit üben sich Kinder und Jugendliche das ganze Leben über, denn den eigenen Ärger kundzutun, ohne das Gegenüber zu verletzen, ist schwer. Beharrlichkeit, Entschlossenheit, Sich-selbst-Ausdrücken und -Verteidigen sind wichtige Fähigkeiten, die immer besser gelernt werden können.

Erwachsene sollten stets daran denken, dass alle Kinder am Anfang unvermögend sind.

Durch zahlreiche Trainingsstunden lernt das Kind, sein Gefühl und sein Verhalten in eine ruhigere, zulässigere Richtung zu lenken. Kinder und Jugendliche brauchen dabei viel Hilfe und Unterstützung. Gefühlskontrolle ist auch für Erwachsene eine wichtige Fähigkeit. Glücklicherweise kann man auf immer mehr Informationen, Fähigkeiten und Modelle zurückgreifen. Sicherheit ist immer eine gute Sache.

DER SICHERE TRAINER

Machen Sie Mut, schützen Sie, akzeptieren Sie das Gefühl und das Unvermögen des Kindes – immer wieder. Ein Kind braucht einen »Coach«, einen liebevollen und anspornenden Trainer bei allem, was es lernt. Jemanden, der den Gefühlszustand des Kindes von außen betrachtet, ohne nervös zu werden.

Verstärken Sie mit allen Mitteln das Sicherheitsgefühl des Kindes. Offenheit ist Sicherheit. Eine sichere, entspannte und fröhliche Atmosphäre, in der es nicht notwendig ist, sich zu verstellen und Gefühle zu verheimlichen, ist das Beste für das Wohlergehen, den Gemütszustand und das Lernen Ihres Kindes.

Zeigen Sie Achtung. Heben Sie auch kleine Erfolgserfahrungen hervor. Sprechen Sie viel über die Stärken des Kindes. Besonders die Kinder und Jugendlichen, die sich in einem schwierigen Alter befinden oder besondere Bedürfnisse oder Schwierigkeiten haben, brauchen Erwachsene, die gut über sie reden.

Sprechen Sie über fehlende Fertigkeiten des Kindes so, dass es sich um eine wichtige Fähigkeit handelt, die das Kind erst übt und mit Sicherheit eines Tages lernen wird. Fähigkeiten können erlernt werden, aber zuerst müssen alle üben. Vermeiden Sie etwas Derartiges zu sagen wie: »Matti kann sich nicht beruhigen.« Sagen Sie lieber: »Matti lernt gerade, sich zu beruhigen. Mika lernt gerade, nett um etwas zu bitten. Tina übt gerade die Fähigkeit, nicht zu schlagen.«

Handeln Sie sachlich, auch wenn Sie selbst gereizt oder müde sind. Auch Sie dürfen wütend sein, es gibt keinen Grund, anderen etwas vorzumachen. Aber letztlich sollten Sie Vorbild sein und zeigen, dass man, auch wenn man wütend ist, sachlich, konstruktiv und nicht-schädlich handeln kann. Wenn Sie nicht beispielhaft handeln, bitten Sie Ihr Kind um Entschuldigung. Keiner ist perfekt und Sie brauchen auch nicht so tun, als wären Sie es.

GEFÜHLE ERWIRKEN BEHARRLICHKEIT

Die Beharrlichkeit nimmt zu, wenn man weiß, dass man mit schwierigen Gefühlen klarkommen kann. Lernen Sie beispielsweise zu ertragen, dass das Leben mitunter dumm und langweilig ist. Vielleicht macht es keinen Spaß, das Spielzeug in die Kiste zu räumen, aber gemacht werden muss es.

Wenn eine schwierige Aufgabe beim Kind Gefühle zum Ausbruch bringt, muss der Erwachsene es lenken, ihm zeigen, wie es geht, und die Aufgabe mit dem Kind gemeinsam erledigen. Auch wenn es vielleicht mehr Zeit kostet, die Dinge zusammen zu tun, loben Sie das Kind, dass es mithilft, und danken Sie ihm.

Registrieren und schätzen Sie die kleinen Fortschritte und Erfolge. Für das Kind sind sie gewaltig. Eine große langweilige Aufgabe lässt sich in viele kleine, lohnende Schritte unterteilen.

Beharrlichkeit und das Aushalten von Eintönigkeit heißt, dass man es noch einmal probiert, selbst wenn man von sich enttäuscht ist und sich mies fühlt. Aufgabe der Eltern ist es, das unerträgliche Gefühl des Kindes zu akzeptieren und auszuhalten. Der Erwachsene kann den erneuten Versuch lustiger gestalten, indem er beispielsweise Musik anschaltet oder sich einen anderen Anreiz überlegt. Ist die Arbeit getan, kann man sich gemeinsam am Ergebnis erfreuen.

Es ist wichtig zu lernen, sich zu bedanken und Zufriedenheit über die eigene Zähigkeit und die Ergebnisse der eigenen Arbeit zu empfinden. Auf eine getane Arbeit darf man mit Stolz und Dankbarkeit blicken. Auch das sollte man Kindern vermitteln. Ist eine Arbeit besonders lästig, hilft es, im Vorhinein daran zu denken, wie herrlich es sich anfühlen wird, wenn die Arbeit getan ist. Von diesem Gefühl kann man träumen und sich schon daran erfreuen, während die Arbeit noch erledigt wird.

Ist ein Kind gelangweilt, kann es auch um etwas anderes gehen als um eine unangenehme Aufgabe. Sagt ein Kind, dass es ihm langweilig ist, sollten Erwachsene genau zuhören. Sie können die Worte des Kindes wiederholen und dann gemeinsam mit ihm überlegen, wie sich Langeweile anfühlt. Ermutigen Sie das Kind, mehr darüber zu erzählen.

Schwierige Gefühle müssen nicht schnell beseitigt oder gelöst werden. Die Aufgabe der Eltern ist, diese zu akzeptieren; alle haben sie, das schadet nicht. Ihre akzeptierende Nähe hilft dem Kind, durch die große Gefühlswelle zu kommen. So geben Sie ihm ein Beispiel, wie man seine Gefühle aushält.

AGGRESSIONSKONTROLLE KURZ GEFASST – FÜR ALLE, DIE ZUERST DEN SCHLUSS LESEN

- Ein Kind, das tobt, ist in Not. Sehen Sie hinter dem Schreien seine Hilfsbedürftigkeit. Helfen Sie ihm, sich zu beruhigen, ohne es anzuklagen.
- Gefühl und Verstand passen nicht in einen Kopf. Mitten in einem Gefühlsaufruhr kann das Kind keine andere Perspektive einnehmen oder empathisch sein. Gefühlsausbrüche müssen erst einmal nur beruhigt werden.
- Das Gefühl ist eine Welle. Tragen Sie das Kind auf dem Kamm des Gefühls. Schützen und sichern Sie es. Helfen Sie ihm, sein Gefühl in Worte zu fassen.
- Seien Sie ein guter Trainer, wenn Ihr Kind eine Herausforderung in der Gefühlskontrolle zu bewältigen hat. Seien Sie keine Gegenwelle. Regen Sie sich nicht in gleichem Maße auf. Lassen Sie nicht zu, dass sich das Gefühl überträgt.
- Fragen Sie das Kind, worüber es sich ärgert und was ihm helfen könnte, sich zu beruhigen.
- Seien Sie ihm ein Vorbild in der Kontrolle Ihrer Emotionen. *Zwei Fünfjährige messen sich* ist ein schlechtes Verhaltensmuster. Sie können nur die eigenen Gefühle kontrollieren. Gehen Sie mit gutem Beispiel voran.
- Beruhigen Sie sich. Stellen Sie sich eine Käseglocke vor. Stellen Sie sich eine stille Landschaft, irgendeinen Ort, eine Person oder eine Musik vor. Ertragen Sie Ihr Gefühl.
- Wiederholen Sie laut, was das Kind will und schreit. Danken Sie ihm dafür, dass es seine Gefühle in Worten ausdrückt. Danken Sie ihm für jeden Versuch.
- Denken Sie an die Ansteckungsfähigkeit von Gefühlen: Strömen Sie Gelassenheit aus. Übernehmen Sie nicht den Gefühlsaufruhr Ihres Kindes.
- Für ein Kind ist es ganz normal, die Kontrolle seiner Gefühle zu üben.

Die Provokation durch das Kind ist die Einladung zu einer Unterrichtsstunde. Auch wenn Sie provoziert werden, bleiben Sie gelassen und stark.

- Konzentrieren Sie sich auf das gute Benehmen und lassen Sie das schlechte außer Acht.
- Lernen Sie, sich von negativen Botschaften zu lösen. Sie können Ihrem Kind Grenzen setzen, auch ohne ihm zu drohen oder es abzustempeln. Eine positive, klare und entschlossene Botschaft vermittelt Sicherheit.
- Ein unbeherrscht tobendes Kind sieht in großer Körpergröße eine Bedrohung. Hocken Sie sich auf die Höhe des Kindes oder niedriger, das beruhigt.
- Seien Sie der Boss und übernehmen Sie die Verantwortung. Seien Sie ein Chef, der sich hineinversetzt, mitfühlt und verhandelt. Hören Sie zu.
- Registrieren Sie das Gute. Kommentieren Sie die ganz normalen, guten Handlungen des Kindes. Geben Sie laut Rückmeldung.
- Stehen Sie ihm bei. Eine vielschichtige Arbeit ist leichter zu lernen, wenn anfangs minütlich ein Lob ausgesprochen wird.
- Lassen Sie schlechtes Verhalten unbeachtet. Wählen Sie, wofür es sich zu kämpfen lohnt. Ordnen Sie schlechtes Verhalten in die Körbe A, B oder C (Seiten 45–46). Mischen Sie sich nicht immer und in alles ein.
- Belohnen Sie Ihr Kind für kleine Entwicklungsschritte. Formulieren Sie winzig kleine Ziele, um Erfolgserlebnisse zu ermöglichen. Belohnen Sie den Versuch.
- Grenzziehung ist keine Sackgasse, sondern eine Richtungsänderung hin zu Erlaubtem.
- Vier Slogans: Das Gefühl besiegt den Verstand! Zuhören besiegt das Sprechen! Lösungen besiegen das Problem! Die Liebe besiegt den Hass!

SEIEN SIE ENTSPANNT

Dieses Buch enthält zahlreiche einfache emotionale Kompetenzen, Arbeitsmethoden und Mittel, um die Kontrolle von Aggression und Wut zu lehren. Warum? Weil sie in Familien gebraucht werden. Sie sind ein wesentlicher Bestandteil der Erziehung, der Lebenskompetenz, des Selbstwertgefühls und der Fähigkeit, sich behaupten zu können.

Zum Leben gehören Gefühlswallungen und Gefühle. Mitunter kann man sie einfach übergehen. Man braucht nicht unentwegt über Gefühle zu sprechen oder sie von morgens bis abends zu erfragen. Das Wichtigste ist, was man tut. Wenn Sie vorhaben, in einem kalten See schwimmen zu gehen, dann denken Sie nicht, wie sich das anfühlt, sondern: *Jetzt aber rein!*

Auch wenn man hundemüde ist, sollte man Gefühle nicht vertiefen. Müdigkeit und Stress vermehren Gereiztheit sowohl bei den Eltern als auch bei Kindern und Jugendlichen. Dann bekommen Gefühle und Worte eine ungebührlich hohe Bedeutung. Wenn Sie müde sind, entscheiden Sie sich für den Korb C, nehmen Sie eine Auszeit und schlafen Sie erst ein oder zwei Nächte darüber. Wenn man müde ist, sollte man nicht über unangenehme Dinge nachdenken.

Denken Sie daran, nachsichtig gegenüber sich und anderen zu sein. Ein recht guter Rat ist, dass es keine Misserfolge gibt. Es gibt nur Erfolge und Lernen.

Erkennen Sie auch den Stress Ihres Kindes. Jeder Mensch würde wütend werden, wenn er nicht verstanden hat, was heute im Kindergarten, Hort, Dorf oder in der Schule vor sich gegangen ist, was dort gemacht wurde und warum man da zu sein hatte. Erraten, beschreiben, malen oder tanzen Sie Ihre Erklärung so, dass das Kind sie versteht.

Und zum Schluss: Einzelne Vorfälle sind nicht so entscheidend. Wichtiger ist die Einstellung, die Sie vermitteln. Diese wiederum hängt von der eigenen Belastbarkeit und Stimmung ab. Pflegen und lieben Sie sich selbst!

Lernen Sie, den Tag für sich und für Ihre Familie so zu beginnen, dass Sie sich für etwas begeistern, und so zu beenden, dass Sie für etwas danken. Begeisterungsfähigkeit und Dankbarkeit sind die Crème de la Crème der emotionalen Kompetenzen!